Insights into
Culture of
Nanyang

南阳文化读本

中共南阳市委宣传部 编

北京师范大学出版集团
BEIJING NORMAL UNIVERSITY PUBLISHING GROUP
北京师范大学出版社

层林尽染　泉壑争流

伏牛山风光

界岭雄姿

汉画拓片精品展

朱雀铺首衔环、武士画像

嫦娥奔月画像　上
风伯雨师画像　下

荆紫关古街

传统名吃博望锅盔

古镇草编

鸟瞰南阳城

守望我们的文化家园

《南阳文化读本》经过两年多的筹划、准备、编写，今天终于面世了。这对认识和了解南阳无疑是一件有益的事情。过去也曾出版过几本介绍南阳的书，但这些书角度不一，内容多，体例大，文本厚，也不便于携带。出于便于阅读，易于普及传播的考虑，我们决定策划编写这个读本。在阅读中，读者可以看到，本书侧重于介绍南阳文化，因此便名之为《南阳文化读本》。

南阳历史悠久，文化积淀深厚，这是大家的普遍看法。至于历史久到什么时候，文化厚到什么程度，一般的读者很难说清楚。编写这本书的目的就是想回答这些问题，给读者一个清晰的南阳文化发展的脉络。

南阳是一块适宜人类居住的地方，四五十万年前，"南召猿人"就在今南阳白河上游繁衍生息。大概在六千年前后，今南阳就出现了村落和房屋，与人们生产、生活相关的农业、畜牧业、手工业开始出现。今淅川丹阳曾是楚国的故都，是楚文化的摇篮，楚文化的影响一直绵延到汉代。著名学者李泽厚说，"汉文化就是楚文化"。南阳汉文化的繁荣无疑与楚国在这里建都有着密切的关系。公元前272年设南阳郡。秦统一六国后，迁"不轨"之民至宛。南来北往的商人和手工业者云集今南阳，促进了南阳经济的发展。南阳在汉代冶炼技术繁荣的原因皆在于此。东汉光武帝刘秀南阳起业，成就了南阳在东汉时期的政治、经济、文化中心的地位，使南阳成为"陪都"，与洛阳齐名。与之相应的文学、科技、天文、医学、建筑等文化事业也都独领风骚。三国时期，今南阳又成了三家必争之地，在这里演绎出了很多历史故事。到了唐代，今南阳不仅有一个"作家群"，全国的文人墨客也都云集到这里，赋诗作词，如李白、王维、韩愈、白居易、孟浩然、张九龄、刘禹锡、李商隐等唐代著名诗人都曾到过南阳，给南阳留下了美好的诗篇。宋代的范仲淹、司马光、王安石、苏轼、黄庭坚等也都因南阳文化的"吸引力"而到此游历。元、明、清时期，南阳以其独特的文化优势彰显出其文化魅力。1948年南阳解放，毛泽东同志亲自执笔，为新华社撰写了《中原我军占领南阳》的电文，为一个地方的解放，代新华社写一篇通稿，这在毛泽东是唯一的一次，由此足见南阳的历史地位。南阳府衙、内乡县衙是全国至今保存最为完好的古代官府衙门，尤其是在一个地级市，县、府两级官衙都保存完好，这在全国也是绝无仅有的，为研究古代官府文化提供了有益的标本。

南阳的恐龙蛋化石分布面积之大、数量之丰富、原始状态保存之完好，皆为世界之最。到目前为止，南阳已发现的新石器时代遗址超过100处，其中国家级文物保护单位20处，省级文物保护单位90处，县级文物保护单位更多达776处。南阳汉画像石是南阳文化的主要元素。

南阳的鸭河岩画被誉为人间天书，是世界上最早的岩画之一。南召、方城的楚长城是现存的最早的古代长城。

南阳更是一个孕育历史名人的地方。百里奚、范蠡、张衡、张仲景等名人层出不穷。被称为商圣的范蠡是春秋末期杰出的政治家、军事家、经济学家，他的经世之道和经商之道至今一直被人们称道。旷世奇才百里奚，大秦名相，为秦国统一天下做出了杰出贡献，被称为"五羖大夫"。张衡是我国东汉时期的伟大科学家，他发明制作的地动仪、浑天仪，在世界科学史上占有重要地位。张仲景的《伤寒杂病论》被后世医家奉为"方书之祖"，直到今天，我们使用的很多药方都出自其中。东汉刘秀手下的"二十八宿"，均出自南阳，光烈皇后阴丽华、谋臣邓禹、大将吴汉等二十八人为辅佐光武帝兴复汉室立下了汗马功劳。范晔《后汉书》为二十八将立传，称"咸能感会风云，奋其智勇，称为佐命，亦各志能之士也。"乃至到现代的哲学家冯友兰、语言学家丁声树、建筑学家杨廷宝等，他们作为南阳的文化名人为人类的发展做出了独特的贡献。

对于文化的意义，从大的方面讲，文化是一个国家、一个民族的精神之魂，精神支柱。一个国家"失去文化主体性以后，国家的独立性也就消失了"。因为文化所记载和反映的是整个国家历史发展的过程，是国家独立性的言语表达。一个国家文化主体性失落以后，就意味着这个国家的历史中断了，那么这个国家的民族精神和传统也就丧失了。目前我们正在进行的爱国主义教育，其核心问题就是教育人民热爱自己的文化，热爱文化就是认同国家，认同了国家，就产生了爱国的热情。一个连自己国家文化都不认同的人，对他进行爱国主义教育，显然是不可能的。从小的方面来说，文化是一个地区的品牌，也是一个地区人们的精神体现。南阳人敢于担当、勇于奉献、甘于牺牲、乐于吃苦，具有创新意识、拼搏精神等，都是与南阳几千年来的文化传承密不可分的。我们今天编写这本书，也就是想用近于史的形式，总结南阳的文化，让南阳人牢记南阳的文化，牢记南阳的历史，以便守护好南阳的文化家园，使之得以发扬光大，永远传承下去。

这个读本编写得有声有色，语言既通俗易懂，又富有文学色彩。在尊重历史真实、文化真实的前提下，兼顾语言的形象性、生动性、文学性、可读性。在史料的甄别上不失其传播历史知识和介绍南阳风土人情的科学性、准确性、客观性、权威性。可以说，编写这个读本是一次全新的实践。我也相信，《南阳文化读本》的出版发行，对于弘扬和传承南阳文化精神，从更大的层面上传播南阳文化必将起到一个很大的促进作用，也必将为守护好南阳的文化家园，激励南阳人热爱自己的文化做出它的贡献。

王新会

2016.9

目录

——

第一章

南阳，从神话中走来

——上古神话与南阳

南阳是出神话的地方。

世界上，凡是古老的国家或民族，都有自己经典的神话或传说。中国的经典神话很多，夸父追日、女娲补天、盘古开天地和大禹治水等，大气磅礴，支撑起辉煌灿烂的中国文化大厦。而这四个神话传说，都与南阳有关，彰显出南阳在中国民族发展史上的重要地位。

1. 盘古爷与盘古奶创世造人

盘古开天辟地的传说在中国可谓家喻户晓，但各地的传说具体内容不同，大多简约化、概念化，只有南阳关于盘古爷与盘古奶的传说故事具体生动，体系完整，显示出浓厚的民俗性与原创性。

很早很早的时候，一个巨大的气泡在空中飘浮。天神盘古看见了，抢斧劈之。气泡被劈破后，坠落为地。盘古坐在地上的一个山头上，他躯体庞大，把山都压歪了，这座山就是桐柏山中的歪头山。盘古爷赶快坐到另一个山头上，这座山就是现在的盘古山。玉皇大帝因盘古爷开天辟地有功，将三女儿派到人间与他配婚。二人滚磨成亲，抟土造人。盘古爷开天辟地时，斧尖把天划破一个口子，整天狂风不止。盘古爷就用斧把儿支着天，盘古奶站在盘古爷的肩上，用兽针和藤线把天上的口子缝住。大地洪水滔天，人民无法生存。盘古爷捉住九条龙，把它们坐在屁股底下，洪水退去。盘古爷跟盘古奶说话时，屁股抬了一下，九条龙跑了八条。盘古爷伸手抓住了一条，挖了一口水井，把这条龙锁到井里。盘古山下至今仍有盘古井，山南有九龙山。盘古爷和盘古奶生有两子一女，长子管九霄，次子管九州，女儿管百花。盘古爷死后，身躯化为桐柏山，血液化为淮河……

这就是流传在南阳的盘古爷与盘古奶的故事。它比南朝梁时"盘古氏夫妻，夫妻阴阳之始"（任昉：《述异记》）的记载要复杂得多。有些古籍中说的盘古死后骨骼化为山川，鲜血化为河流，双目化为日月，毛发化为草木，虽然很浪漫，但没有故事情节，没有生活气息，突兀而无逻辑。南阳盘古爷与盘古奶的传说，是从劳动人民与大自然的斗争中产生的，充满了进取的精神，完整而系统又有人性美感。

盘古山位于桐柏山脉北陲。明代学者李梦阳《大复山赋》记载："昔盘古氏作兹焉，用宅……右枕熊耳之巅，左朝桐柏之山。"三国时期徐整所著《五运历年记》记载："盘古开天地，血为淮渎。"1984年河南大学"中原神话调查组"，经过多地考察后认为，南阳桐柏山正是大量盘古神话最初产生和流传的地方。中国著名神话学专家袁珂先生多次来桐柏考察，认为："桐柏山是中原盘古文化产生的中心。"

盘古山下有盘古庙，历史悠久。至今，每年农历三月三，周边省市的人慕名前来祭拜盘古爷和盘古奶。庙会长达七天，盘古山上锣鼓喧天，旗帜招展，每日赶会的人最多时有十几万。

2. 大禹导淮锁蛟

南阳桐柏县城城西有个淮源镇，是淮河的发源地。淮源镇西边有座禹王庙。禹王庙旁边有座六角亭，亭子里有眼方口古井。古井旁立一石柱，石柱上有一圆孔，圆孔里穿一条铁链。铁链垂到井里，井深不见底。石柱上刻有五个大字："禹王锁蛟处"。外地人去参观，当地人就会很认真地警告：千万不要动那根铁链子，铁链子一动，当年就要发大水。

据传说，井里锁着的是一条蛟，名字叫无支祁，当年天下洪水滔滔，就是它作的怪。

这口井就这样神秘了千百年，锁蛟的大禹也被当作英雄崇拜了千百年。实际上，这口古井就是一件实景艺术品，很形象、生动、概括地表现了大禹导淮治水的事迹。

大禹治水的故事是除"盘古爷和盘古奶"外在南阳传得最广的故事。而且故事内容多样，地域性强，想象力丰富。例如，有一则故事说，大禹擒住了无支祁，把四溢的淮河水收住了，使其滚滚向东流去。有一个白胡子老人找到了禹并对他说，你把水都调到桐柏山东边去了，西边没有水，庄稼都旱死了，人都渴死了，怎么办啊？大禹就在南阳盆地挖了两条沟，这两条沟就是现在的白河和唐河。两条沟在今湖北省交汇在一起，这个地方就是现在湖北的双沟镇。

南阳人还对大禹名字的由来进行了神化。他们说，大禹之前很久很久的时候，天上有一条管降雨的龙，它不察地上实情，只顾降雨，搞得平地水深数丈，百姓没法生活，哀嚎震天。老天爷听见了，就派这条龙到地上去视察。龙下来一看，可不得了啦，地上的人都快淹死啦！它就趴在地上吸水，吸得只剩下黄河、长江、淮河。人们因此又感激它。一天，一阵隆隆的雷声从天上滚过，那条龙又"下凡"吸水来了。人们叩拜并问它："你叫什么名字啊？"龙想，我是管降雨的，就说："我叫雨。"人们说："你是天上的隆（龙）吧？"龙想："我给地上的人造成这么大的灾难，哪配当龙啊！"就说："我不是天上的龙，我是地上的虫！"此后，人们就建庙祭祀它，并称它叫"禹"——雨中一个虫子，天雨地虫。又过了很多年，到了帝尧时期，尧手下有个大臣，叫文命。天下又发大水了，尧就派文命去治水。文命治水十三年，三过家门而不入，劈三峡，开桐柏，引黄导淮，把水给治住了。人们说，文命的功劳比禹还大，于是就称他叫大禹。《史记·夏本纪》上确实说大禹名叫文命。为什么后世一直称他叫大禹？史籍上查不到解释；而《说文解字》上对"禹"字的注解也确实是："禹，虫也。"也许，"禹"只是文命儿时的乳名，或者是老百姓对他的昵称。南阳民间对大禹名字的解释，并非全是杜撰与附会的，而是跟历史有很多契合的。

《南阳民间故事集成》共收录大禹治水的传说八则，散落民间的当更多。为什么大禹的故事在南阳会这么多、这么悠久？因为这里是大禹治水的"主战场"之一，大禹治水的功绩深深地镌刻在南阳人的心底。《禹贡》记载："（禹）导淮自桐柏，东会于泗、沂，东入于海。"桐柏县城有淮渎庙。史载，秦始皇二十六年（公元前221年），诏令祭祀名山大川，今桐柏地区建淮祠。汉时更名淮渎庙（《礼记·王制》）。淮渎庙占地百余亩①，殿宇526间，康熙皇帝曾为大殿御书"灵渎安澜"匾额。历代帝王每年都要亲自或派特使来淮渎庙祭祀。现存记载自秦至清祭祀的大小石碑一百多通。

3. 夏人之居，华夏之根

南阳人为什么对大禹治水的传说这么钟情？其中一个重要的原因

---

① 1 亩 ≈ 666.7 平方米，全书余同。

是，南阳是夏人的主要活动区域，而夏人的首领大禹又是中国第一个王朝的建立者。《汉书·地理志》记载："南阳，本夏禹之国。夏人上（尚）忠，其敝鄙朴。"《史记·货殖列传》记载："颍川、南阳，夏人之居也。"南阳北通中原的大通道，古称夏路。《史记·越王勾践世家》云："楚适诸夏，路出方城。"方城县是南阳北出中原的垭口，古缯国所在地。南阳—方城—禹州—郑州这条国道路基下埋着的，就是古夏路。南阳人自古就称自己是"夏人"。他们把大禹视为自己族群的人，对大禹这位治水英雄，不仅崇拜敬仰，还有着一份自豪和荣耀。汉代以后，南阳经过几次战乱，这种夏人认同才逐渐淡远。

夏朝的都城在哪？历史上有许多种说法：山西安邑说、河南禹州说、浙江会稽说、偃师斟寻说、濮阳帝丘说、开封老丘说、商丘夏邑说、登封告成说等十余种。而南阳人说夏朝的第一个都城在今南阳的邓林。《路史·国名纪》记载："邓，仲康（第四代夏王）子国，楚之北境，史云阳之邓林者。今之南阳，故杜佑（唐代著名史学家，著有《通典》）以邓为禹都。"这就牵出了华夏的另一个神话——夸父追日。《山海经》记载："夸父与日逐走，入日。渴，欲得饮，饮于河、渭；河、渭不足，北饮大泽，未至，道渴而死。弃其杖，化为邓林。"林扒镇（古称邓林）位于南阳邓州西南部，与湖北接壤，现在是一个繁华小镇。镇上的人都说，他们这里就是夸父弃杖处，从前方圆百里都是桃林（邓与古桃字通，邓林即桃林）。

夏王朝是中国历史上第一个世袭王朝，它标志着中国社会由原始氏族社会进入奴隶制社会，开创了光华万丈的新时代。

夏代是一个有争议的朝代，因此，夏文化一直是考古学和历史学最为关注的课题之一。近年，南阳地区发现的新石器时代晚期的仰韶文化遗址有77处，屈家岭类型文化遗址有73处，龙山文化类型遗址有83处，在淅川下王岗发现了相当于夏文化的二里头文化层。在下王岗遗址房屋墙壁所抹的草拌泥中，鉴定出稻的残留，说明早在夏代，南阳先民已能种植水稻。下王岗仰韶文化二期发掘中还发现了腰椎移位、脊椎炎等病例，一些发现填补了夏文化考古的空白。如此多的夏商时期的遗址，证明了当时今南阳地区文化的丰富多彩及其在全国所占的分量。

4. 何为南阳，何处南阳

那么，南阳为什么叫南阳？南阳在什么地方？

"南"指方位，即商、周的南面（商、周的国都都在北方）。那时习惯将江汉流域的一些小侯国统称为"南国"或"南土"、"南邦"、"南乡"。《诗经》有《周南》篇。"阳"也指方位，水之北、山之南为阳。南阳因在"南土"，又在汉水之北、秦岭之南（阳），所以称"南阳"。

"南阳"是历史上形成的一个区域概念，就是汉水之北、伏牛山之南这一片土地。今南阳市包括方城县、社旗县、唐河县、桐柏县、新野县、邓州市、淅川县、西峡县、南召县、内乡县、镇平县、卧龙区、宛城区，总面积约2.7万平方千米。据2010年人口普查数据，南阳总人口为1026万，中心城区常住人口为125万。

南阳位于河南省西南部，与湖北、陕西相接，是豫、鄂、陕三省交界地带，是亚热带气候向北温带过渡区，四季分明，雨量充沛。它西依秦岭，北枕伏牛山，东抚桐柏山，南登江汉，地势向南倾斜开阔，是一个簸箕形盆地，土壤肥沃，物种多样。

南阳的母亲河是白河，古称淯水，发源于伏牛山。白河从盆地中心穿过，深情地拥抱了古宛城一下后，眷恋地走向汉江，走向长江，走向大洋。她用乳汁滋养了南阳人，同时又把外面的文明带入。流过南阳盆地的河流还有丹江、灌河、湍河、潘河、刁河、唐河，都南流汇入汉江，再入长江。因此，南阳属长江流域，而不是黄河流域或淮河流域。

公元前688年楚国取宛以后，将宛作为北进中原称霸天下的前哨基地，重点经营，在现在的内乡县、南召县、方城县、舞阳县、泌阳县，筑起一道半环状军事工事，进可以攻，退可以守，称楚方城，即近年发现的楚长城。而当时的秦国同样有称霸的野心，也看中了南阳，必欲夺之。于是，南阳就成了秦楚反复争夺的战场。翻开司马迁的《史记·秦本纪》，可以看到秦楚之战中关于今南阳的密集记载。

从《史记》的记载可以看出，当时的秦楚争宛，也是打打谈谈，谈谈打打，但总体优势在秦国。昭襄王三十五年（公元前272年），秦"初置南阳郡。"也就是说，秦国在今南阳设置了行政区划，正式把南阳划归入自己的版图。

从此，一个泛化的地域性的南阳，变成了一个有具体边界和行政管理主体的政区南阳。南阳郡、南阳府、南阳专区、南阳市……时代前进着，名称变化着。但不管怎样变化，"南阳"二字不变，在我们的心中，她已不再泛化，不再虚化，不再模糊，不再混沌；她是具象的，是亲切的，是可拥抱的，是可亲吻的，她是我们的家。

南阳是国务院首批公布的对外开放历史文化名城，有3000多年的建城史，为楚汉文化的发源地；因是汉光武帝刘秀的家乡，故有"帝乡"之称；刘秀当皇帝后建都洛阳，以南阳为陪都，故南阳又称南都。

伟大的历史学家司马迁对南阳的地理形势评价是："南阳西通武关（在南阳与陕西交界处）、郧关（湖北郧县），东南受汉、江、淮，宛亦一都会也。"

伟大的科学家张衡在《南都赋》中说："尔其地势，则武阙关其西，桐柏揭其东。流沧浪而为隍，廓方城而为墉。汤谷（在紫山）涌其后，淯水荡其胸。推淮引湍，三方是通。"

清代地理学家顾祖禹所著《读史方舆纪要》说到南阳地理时是这样描写的："《禹贡》豫州之域……北连中原，东通吴会，西接巴蜀，南控蛮越。故诸葛武侯尝以为用武之国；元人之取襄樊也，以南阳为基本……南阳为南北腰膂，不信然欤……"

古时，南阳有两条十字形交通要道：一条叫武关道（又称商於古道，其东段即夏路），由咸阳通往今开封；另一条叫三鸦道，由洛阳通往荆襄。两条大道交汇于南阳，就像现代的京广铁路与陇西铁路交汇于郑州一样。汉时南阳是全国六大都会之一，富冠海内。京广、陇西铁路修通后，交通中心东移，南阳在交通方面的地位开始下降。改革开放以后，焦柳线与宁西线在南阳相交，形成铁路十字大通道。二广高速与沪陕高速在南阳相交，形成高速十字大通道；横穿南阳的高铁项目也在逐步进行中。南水北调中线从南阳盆地腹地穿过……发达的交通将改变南阳的山川地貌，也将改变南阳的命运，带给南阳新的辉煌。南阳，现在已是豫、陕、鄂区域性中心城市，先后荣获中国优秀旅游城市、国家园林城市、中国十大最具创新力城市、中国最具幸福感城市等称号。

第二章

上帝的史书

——刻在石头上的南阳古文明

世界上，口头史早于文字史。在没有文字以前，历史通过传说、神话，口耳相传下来。中国人的口头史传，最早可追溯到三皇五帝时期。三皇五帝之前，不是没有历史，而是太遥远，5万年，10万年，甚至百万年，是人类长长的一段失忆期。历史化为千古不朽的石头，让后世之人不断地欣赏、品味和追忆。

石头做的史书，是不朽的史书，是上帝的密码。

这些史书很多都藏在南阳。

1. 世界奇迹——南阳恐龙蛋化石

20世纪90年代，南阳恐龙蛋化石的发现轰动了整个世界。

1993年6月8日，河南电视台晚间新闻报道了南阳西峡发现恐龙蛋化石群的消息。翌日，中央电视台予以转播。此后连续数天，同中央电视台协商交换片带的境外电视台和新闻机构有50余家。新华社、中国国际广播电台、中国新闻社、南京金陵之声广播电台、《人民日报》、《中国青年报》、《文汇报》、《光明日报》、《河南日报》、《郑州晚报》等媒体纷纷派记者前往南阳西峡，掀起了一场空前的新闻大战。顿时，一场恐龙"飓风"，从一个默默无闻的山区小县，刮遍了整个世界。

新华社华盛顿1993年6月6日消息：来自中国某省的一枚恐龙蛋化石，将在美国利弗莫尔实验室接受最先进的高科技成像设备的检测。这枚恐龙蛋化石长约15厘米，一端有一裂口，内部含一胚胎。

《羊城晚报》消息：德国汉诺威大学古生物学家蒂斯宣称，他将着手对来自中国的3枚恐龙蛋化石进行研究，蛋内的生命物质无疑是对他的一场挑战，如果其中的一枚中能找到胚胎，那将是一次惊人的发现。

《科技日报》报道，1993年6月，英国亨特利安博物馆的科学家宣称，他们在6枚来自中国西峡的恐龙蛋化石中发现了两个具有恐龙胚胎。亨特利安博物馆馆长尼尔·克拉克博士告诉中国记者，胚胎所代表的恐龙为长颈恐龙，颈长可达8米，是形体较大的一种巨龙，大约生存在6500万年前。这种类型的恐龙胚胎的发现，在世界上尚属首次，具有重大的科研价值。

那么，是谁，什么时候，发现了如此多的恐龙蛋化石呢？

1974年，河南省地矿厅地质调查四队周世全带领21名地质调查员在南阳淅川、西峡、内乡等山区县进行地质勘查。他们发现了一枚特殊的石蛋，接着又挖出了一窝三枚连在一起的石蛋。他们把石蛋送到北京中科院古脊椎动物研究所鉴定，确认为恐龙蛋化石。这是一个惊人的发现。当时中国发现恐龙骨骼化石不少，但恐龙蛋化石，特别是成窝的恐龙蛋化石，中国没有，世界也没有。科学家们激动不已。然而，当时还是"文化大革命"时期，对这批恐龙蛋化石的研究也没有深入下去。

亿万年重见天日的南阳恐龙蛋，又一次石沉大海，默然无闻。

1992年8月，西峡县阳城乡赵营村一位农民在修路时，在一条几寸厚的白色石层下，发现了一层褐红色的软石层里有一窝黑灰色的椭圆形"石蛋"，20多枚。这些状似龟壳的"石蛋蛋"，质地松脆，一掰就掉块儿，放到鼻子下面闻一闻，有一股清幽的芳香。他并不知道这些"石蛋"为何物，只是觉得好玩儿，就捡了几枚带回家。

几乎同时，西峡县丹水镇三里庙村上田组村民，在山坡上挖沟种龙须草。他们不断挖出一窝窝又圆又黑的石头，但当时人们把它们运往田头垒田埂，小孩把它们当作"足球"踢来踢去决胜负。

1993年初春的一天，一名外地人来到村子里，对大家说，这里出产一种药材，叫"石胆"，能治眼疾，能止血，你们把它挖出来，我可以收购。

这位外地人知道这"石胆"就是恐龙蛋化石，但他也知道这恐龙蛋化石当时人们并不稀罕。

听说石头可以卖钱，人们纷纷扛起镢头、铁铲去挖"石胆"。一时间，各个山坡被挖得千孔百疮。

1993 年 5 月 5 日，《西峡县发现恐龙蛋化石》一文在《中国地质矿产报》上发表。这不是批评稿，而是表扬西峡人找到了致富的途径，在西峡形成了恐龙蛋化石市场，前景无量。该报道称，目前一天能挖 200 个恐龙蛋化石，而且价格看涨。

这一时期，大量恐龙蛋化石流失海外。

1993 年 11 月 23 日，101 位中国科学院学部委员联名上书国务院，呼吁各级政府及各地海关切实执行关于禁止脊椎动物化石出境的法令，严厉打击化石的走私贸易，有效保护人类的科学文化遗产。26 日，《完善法制，保护化石》紧急呼吁书，在中央电视台《新闻联播》中播出。河南省委高度重视，时任省委宣传部部长张文彬、副省长张世英、省人大常委会副主任侯志英等分别赴恐龙蛋化石发现地进行视察，就开发及利用等问题做出一系列指示。与此同时，河南省委各级领导及国家文物局、公安部下达了一道道打击盗掘、倒卖、走私恐龙蛋化石犯罪活动的通告和加强保护措施的命令。河南省公安厅、河南省文物局也联合发出通知，要求对盗掘、走私进行严厉打击。一张无形的大网，撒向南阳，撒向西峡。

南阳恐龙蛋化石分布在西峡、淅川、内乡三县，分布面积之大，埋藏之集中，数量之丰富、原始状态保存之完好，皆为世界之最。2001 年，在恐龙蛋化石最集中的地方丹水镇三里庙村建起了一座恐龙遗迹园。遗迹园由地质科普广场、恐龙蛋化石博物馆、恐龙蛋遗址、仿真恐龙园四部分组成，2009年被列为国家科普教育基地、5A级旅游景区。园中最令人震撼的是恐龙蛋遗址：从一处山梁下掘进一条隧道，走进隧道，你可以看到赭红色的洞壁上镶嵌着一窝窝的黑褐色恐龙蛋化石。这不是人工所为，而是恐龙蛋化石的原始存在状态。隧道的终端是一口深数十米的大口径竖井，向井中俯视，可以很直观地看到，恐龙蛋化石是分层存在的。据勘察，现在已发现的恐龙蛋遗址的下部地层至少还有16个产蛋层，现已确定蛋化石分别归于6科9属13种。也就是说，现在已经出土的恐龙蛋化石，仅是蛋化石中的一少部分而已。近年来，大量的鸭嘴龙、肉食龙、禽龙等恐龙骨骼化石也被发现。这些恐龙遗迹写满了远古时代生命科学的重要信息：宇宙如何发生，地球如何演化、天体如何演变……这些谜底我们仍无法猜到，但却又一次给我们提示，给我们送来了恐龙蛋化石。

2. 中原人类发祥地——南召猿人遗址

南阳发现这么多的恐龙蛋化石，说明早在6500万年以前，这里就是适于生物生存繁衍的地方。可以想见，那时的今南阳地区是一片大海，环绕着她的伏牛山、桐柏山是她的海岸。阳光朗朗，照耀着海岸，海岸上草木葱茏繁盛，百花如锦，高大的乔木上缠绕着粗壮的藤蔓，成群的恐龙在草丛中自由自在地咀嚼，或者在藤蔓间惬意地睡觉。这里也许是世界上恐龙最集中的地方。南阳现在仍然是人口分布最集中的地方——南阳人口1200万，约占全国人口的百分之一；西汉时全国人口1500万，而南阳"户三十五万九千三百一十六，口一百九十四万一千五十人"（《汉书》），占全国人口的八分之一。这些数字说明了古时南阳地理环境和人文环境的优越。

6500万年前的某一天，当时正是恐龙们繁衍后代的旺季，突然间天翻地覆，海水退去，露出了南阳盆地；海岸上地壳鼓荡，秦岭、伏牛山隆起。恐龙，还有它们产下的一窝窝的蛋，瞬间被埋在了厚厚的沙石下面。恐龙蛋化石产地的土层都是红色的，那是恐龙们的鲜血染成的吗？是恐龙的血液化石吗？

6500万年后，几度沧海桑田，日晒风化，雨水冲刷，掩埋恐龙蛋的土层越来越薄，及于锹犁之间，终于有一天，被我们发现了。

含着浓浓的恐龙膏脂的泥土，冲刷成肥沃的平原，淤积成富饶的盆地，几千万年以后，南阳重新变为适于生物繁息生存的地方。千万类物种开始滋生、繁衍、进化。到了60万年前，一种灵长类动物——类人猿，以其智慧，而不是牙爪，开始代替恐龙，统治世界。

1978年9月，考古工作者在南召县杏花山上发现了一枚古人类牙齿化石，这枚牙齿化石经吴汝康先生等人鉴定为早期人类的右下第二前白齿。

1978年10月，中国科学院古脊椎动物与古人类研究所考古队对这一化石点进行了发掘，又发现了一批古脊椎动物化石，计有剑齿虎、剑齿象、肿骨鹿等二十余种。根据伴生动物化石及地层等综合分析，科学家们认定，这里发现的古人类与"北京猿人"所处的时代相当，距今约60万年，并正式把这种古人类定名为"南召猿人"。

1980年，中国科学院古脊椎动物与古人类研究所在杏花山附近的小空山和大空山上，又发掘出旧石器晚期猿人洞穴，洞穴里有厚约一米的灰烬层、三百余件石制品和一大批哺乳动物化石，这标志着人类已走向新的历史文明。大空山西半坡有汉代严子陵隐居地空山洞，洞门高丈余，内有圆厅，洞深不可测，内有深潭，蝙蝠成群。科学工作者考证这里也是古人类栖居的洞穴。杏花山、小空山和大空山，三座山相距不远，它们共同构成了一座古猿文化博物馆。

"南召猿人"的发现，是继北京猿人、蓝田猿人、元谋猿人之后的又一重要发现。它说明，南阳是中原人类文明的发祥地之一。它填补了中原地区古人类分布的空白，为研究人类的起源、分布和发展，古代气候的变化以及中原地区第四纪地质和生物研究提供了新的资料。

除了旧石器时代的杏花山南召猿人遗址外，南阳已发现的新石器时代的遗址有一百多处，其中国家级文物保护单位20处，省级文物保护单位90处，如邓州的太子岗遗址、八里岗遗址，淅川的黄楝树遗址、下王岗遗址，西峡老坟岗遗址，唐河寨茨岗遗址，桐柏陡坡嘴遗址，新野凤凰山遗址，方城平高台遗址等。县级文物保护单位更多达776处，这在全国乃至全世界都是罕见的。南阳中心城区周围也发现多处新石器时代文化遗存，有黄山遗址、陆营遗址、新集遗址、八里铺遗址等。黄山遗址位于南阳城北，黄山往南就是十里庙遗址。十里庙在南阳市东北。1959年2月在十里庙村东的土丘上，发现圆形及椭圆形灰坑10个、灶1个、方形穴居式房基1座。从出土遗物及地层关系看，此处为商、周两代文化层。周代文化层中出土了大批的空心细把豆、带鼻罐、矮足厚胎鬲、陶罐等，另外还有陶拍子、铜刀、铜簇、骨簪、骨针、卜甲、谷物等遗存。这说明，今南阳地区的古人类在逐渐由南阳的北部山区向南部平原聚居，6000多年前已在周围形成了较密集的群落。那时的今南阳地区，大概还是一片水泽，没有淤积成可以居住的平原，所以，先人们只能居住在边沿地带。但这里鱼虾丰富，草肥水美，比北部山区的生存条件好。

这些新石器遗址的发现，体现了从旧石器晚期到夏王朝建立这段时期里，今南阳地区的社会人文状态：氏族部落众多，村落密布，人口稠密，制陶工艺先进，农耕技术发达，社会文明进程走在世界前列。

3. 人间天书——鸭河岩画

世界岩画组织联合会主席罗伯特·贝纳里克说："我们看到南阳鸭河拥有大量岩画，特别是凹穴岩画……这一拥有数以万计凹穴的岩画群是截至目前发现的最壮观的，当属世界之最。鸭河的岩画群因此已经成为中国乃至世界上最具影响力的文化丰碑。"

印度岩画协会会长库马尔说："在世界各地，抽象岩画的产生要早于具象岩画。从这一点来看，河南省鸭河地区的岩画具有潜力成为世界上最早的、最具影响力的岩画。"

南阳的鸭河岩画，实际上不是画，而是书，是符号。因为它没有线条，没有图形，更没有色彩，只有粗粝、笨拙的凹穴和沟槽。正像库马尔教授所说的，鸭河岩画可能是世界上最早的岩画，早到人类还没有在石头上勾画的工具和技术，早到人类还不懂得形象思维的具象表达，早到甚至人类还没有产生艺术美感的追求。学者们把它称为"抽象岩画"。

这是一个伟大的发现，发现的细节以及发现者的名字都应该被记载在文化史册上。

2010年2月27日上午，民间考古学者马宝光先生借回乡探亲的机会，到南阳方城县进行考古调查，在清河乡沙庄、张庄一带山冈上发现一片裸露的岩石，上面凿刻着几十处圆形凹穴，有单穴、双穴、六联穴、多联穴组合图案。当地村民介绍，类似的"天书"在方圆5千米内还有多处分布，有的排列似"北斗七星"，有的像"梅花"。马宝光先生为之一振：这不就是与新郑具茨山一样的岩画吗？时任方城县常务副县长白振国知道后，亲自带领考察组，踏遍方城县所有有石头的地方，结果发现岩画2000多处。2012年，南阳城北的鸭河水库库区一带被划为鸭河工区，白振国被任命为工区管委会主任。鸭河工区与方城毗连，地理地貌与方城北部一样，属丘陵和浅山区。白振国在方城时与石头结下了不解之缘，到鸭河工区后对石头仍一往情深。终于，在一次下基层时，在一片石头上，发现了凹穴，发现了岩画！

白振国立即成立了鸭河工区岩画普查队，沿鸭河水库和梦山一带进行详细调查、摸底、登记、建档，共发现凹穴岩画遗存一千余处。其中一块巨石上刻有上千个凹穴，并有沟槽相通相连。鸭河岩画形式多样，有单穴，像太阳；有多穴，像繁星；有的带沟槽，似乎在笨拙地将凹穴连成一个图案；有的带方格，似乎是一副棋盘……

2014年6月30日下午，国际岩画组织联合会主席罗伯特·贝纳里克，印度岩画协会会长、本迪支利大学教授库马尔，中国岩画学会会长王建平和国际岩画联合会执委、南京师范大学教授汤惠生等岩画专家来到梦山考察。他们发现，山上不仅有大批岩画，而且，山上的很多石头都是有名字的：公鸡石、金鱼石、蛇石、夜猫石、卧虎石、蛤蟆石、骆驼石、鹰嘴石、剃头石……仔细看，原来这些巨石上都有人工打磨的痕迹。东蛇头西乌龟，头顶皆有鳞甲式的沟槽，本来就形似的石头经过有意地打磨，表达了荒古人类对龟蛇的崇拜。卧虎也好，骆驼也好，蛤蟆也好，每块巨石仅在头部雕刻，粗放大气，相当传神。梦山脚下的桑东村，有一大块呈阶梯状的岩石，面积近100平方米，上有10处岩画。向东15米处有一处平台，由数块巨石组成。最东面的岩石长2.38米，宽2米，厚约50厘米，呈山字形，称男石，上刻一鼻梁状凸起物，打磨痕迹明显，很像男性生殖器。据村民称，早些年因当地有人嫌其不雅而将其推倒。距男石4米处有一女石，长3.1米，高2.04米，宽2米，上面有一个50厘米长的梭型凹穴，很像女性生殖器，为此处标志性构件。女石正前方一长4米、高2米、宽2米的巨石平卧脚下，上刻5个凹穴，似是男石和女石的祭坛。这些石头体量巨大，不似人工运来。这里是中国的巨石阵，是一处人类图腾崇拜展览馆，是远古人类的一个大祭场，祭场中的点点凹穴，犹如远古人类的祭文。

世界上有岩画的地区和国家，有一百五十多个，最早的据说距今已有4万年。西班牙的阿尔塔米拉岩画，法国拉斯科洞窟岩画，瑞士的阿尔卑斯山岩画，意大利梵尔卡莫尼卡谷地岩画，非洲的撒哈拉岩画、阿海奈特岩画、提贝斯提岩画，印度的米尔扎布尔岩画、皮姆贝德卡岩画，中国的广西、四川、云南、贵州、新疆、青海、甘肃、宁夏、内蒙古等地的岩画，它们的共同点是都有直观、具象的画面。人们一看就知道那是一头奔跑的鹿，几只追逐的羚羊，或者是一个举弓射箭的猎人，几个翩然起舞的人……线条细腻流畅，表达准确，有的是彩色绘制，极富观赏性。学者们将其称为具象岩画。具象岩画已经进化为艺术，而抽象岩画还在艺术的门外徘徊。这是抽象岩画的落后性，也是它的原始性，更是它的可贵性与价值所在。也许，它就是破解人类文化密码的最后一把钥匙。

国内专家说，鸭河岩画为夏代先民之作，这种说法很值得商榷。夏代考古中，已发现彩陶、铜制品，工艺精湛；大禹治水那么大的工程，也不可能靠石刀、石斧来完成，肯定有先进的金属工具。鸭河这么大量、这么集中的岩画群，在当时肯定是一项国家工程，为祭祀，或为别的重大事件，发动成千上万的人敲、打、凿、磨，一个凹穴绝不是三两天可以凿成的，而是经年累月才能完成的。这样大的工程要集中人力、物力，包括当时最先进的生产工具和技术才能完成。而鸭河岩画笨拙、粗糙的凹穴沟槽，显然为石器凿磨而成，我们看不到用金属器刻划的纤细流畅的线条。因此，世界岩画学权威库马尔教授的结论是可信的："在世界各地，抽象岩画的产生要早于具象岩画。从这一点来看，河南省鸭河地区的岩画具有潜力成为世界上最早的、最具影响力的岩画。"学术界公认的世界上最早的欧洲岩画距今4万年，而且是具象岩画。因此可以推断，南阳鸭河岩画当是距今4万年前的旧石器时代的产物。

南阳岩画，以鸭河为中心，西至淅川、内乡，东至方城、泌阳，呈半环状分布于浅山丘陵地带，现在学术界已将其命名为"鸭河岩画"。鸭河岩画群与具茨山岩画群相连，形成一条绵延数百千米的中原岩画带，几乎涵盖了已发现的凹穴岩画、图腾崇拜巨石遗迹的所有类型，为探寻世界人类文明的起源及史前文化发展打开了一扇深邃、幽暗且充满奇趣的窗。

到了汉代，今南阳地区又诞生了新的石头艺术类型——汉画像石。

4. 绽放的石头——南阳汉画像石

民国十七年（公元 1928 年），河南大旱，第二年严重饥荒。河南省政府派河南通志馆编修、南阳白庄人张嘉谋（字中孚，教育家）回乡赈灾。赈灾过程中，他发现老百姓家的墙基上有青石，青石上有画像。张嘉谋见过山东武梁祠的汉画像石，所以他一下子感到惊异非常：这不也是汉画吗？我们南阳也有汉画吗？自此他就留心了，一留心，竟然发现南阳地区的墙壁上、路面上、桥梁下、猪圈里，到处都有汉画像石。他一面赈灾，一面采集，短短两个月，就采集了数十幅。张嘉谋回省城后，就把这些拓片交给了时任河南省博物馆馆长的关百益，关百益交由中华书局出版，书名《南阳汉画集》。这就是鲁迅先生看到的那本关百益的汉画选印本。鲁迅先生在致台静农的书信中说："南阳石刻，关百益有选印本，亦多凡品……南阳汉画如印行，似只可用选印法。"

关百益的《南阳汉画集》第一次向世人揭开了南阳汉画的面纱，震动了考古界和艺术界，也震动了大文豪鲁迅。鲁迅先生在生命的最后几年里对南阳汉画倾注了极大心血，托人收集，指导拓印。鲁迅先生总共收集南阳汉画像石拓片 241 幅，多为精品，直到生命垂危之时，还在整理、筹划用珂罗版印制新画集。鲁迅先生的日记，有多处关于收集汉画像石的记载，1935 年 12 月 21 日的日记中写道："得南阳汉画像拓片六十五枚，杨廷宾（建筑学家杨廷宝之弟）君寄来，先由冶秋（王冶秋，作家，鲁迅好友）寄泉州。"1936年8月17日的日记中写道："……热，下午雨。得王正朔（南阳内乡人，中共地下党员）信并南阳汉画像石六十七枚，夜复。"《鲁迅书信集》中也有多封关于南阳汉画的通信。在他逝世前两个月与王正朔的一封通信中，我们可体会出先生对南阳汉画的倾情之恳切和临终前遗愿未偿的憾恨，"正朔先生足下：顷奉到八月十四日惠函，谨悉一切。其拓片一包，共六十七张，亦已于同日收到无误。桥基石刻，亦切望于水消后拓出，迟故无妨也。知关锦念，特此奉闻，并颂时绥不尽。周玉才顿首八月十八日。"鲁迅感叹"唯汉人石刻深沉雄大"。他认为，这些看似古老残缺的汉画像石依然留存涌动着新鲜的艺术生命的信息与光芒，表现了中国传统文化上升期昂扬饱满的精神风貌；在民族贫弱的时候，这种精神气质尤为可贵。可见，在对待南阳汉画像石的态度上，鲁迅先生并不是一味地清赏、把玩、消遣，他还有呼唤和提振民族精神的大愿在。这和他文学创作的指向是一致的。

对南阳汉画研究贡献最大的是另一位南阳人孙文青。孙文青，名朴翰，南阳社旗县人，1926年加入中国共产党。1932年在省立南阳五中（现南阳一中）任教期间，受张嘉谋影响，常流连于校内廊阶之间，最终发现这座学校（原校址为弥陀寺，俗称东大寺，元时所建）的墙壁嵌有许多汉画像石。这位数学教师一下子因此而改变了生命的轨迹，走上了考古学的道路。从此，他一有时间就趴到这些石头上，揣摩、研究、遐想：这么多汉画像石，从哪里来的？干什么用的？什么人刻的？全国那么多地方，为什么唯独南阳会有这么多汉画像石？

民国二十年（公元 1931 年）南阳大水，卧龙岗南头一个叫草店的地方，白河堤岸坍塌，露出一座古墓。时任南阳警备司令的国民党第 32 军军长宋天才，派工兵挖掘文物并将其盗卖，余一空墓。而真正的宝贝，正是这座空墓遗留下来的部分：墓壁与穹顶都砌有神秘的汉画像砖。孙文青从一个照相馆里请了一位照相师去草店考察，得汉画像石 27 块。

孙文青潜心研究，得出结论：所有画像石都是汉代墓中原物。他把汉画归为八大类：天象、夔螭、山神、铺首、鸟兽、人物、游戏、舞乐。孙文青并考证出汉画像石所依据的蓝本有：天象类出自图纬旧说及《河图》、《洛书》；奇禽怪兽及人兽合体采自《山海经》、《禹贡》；舞乐依据《毛诗》、《尔雅》、《礼图》；搏击源于《孙轸图》、《王孙图》、《伍子胥图》……

为什么唯独南阳会发现这么多的汉画像石？孙文青认为，南阳是东汉光武帝刘秀的家乡，是他成就帝业的根据地，许多功臣元勋都出自南阳。刘秀称帝后将南阳作为陪都，城里住着无数显宦世家。这些显宦世家贪恋荣华富贵，希望死后也富贵荣华，所以厚葬成风。汉明帝喜欢绘画，许多大臣也跟着以画为宝，甚至在墓室中也使用，这是汉画像石当时的市场需要。南阳城北有一座蒲山，盛产青色石灰石，石质坚密，硬度适中，极易雕刻且不易风化，汉画用石皆出此山，这是汉画像石的物质基础。第三因素是最重要的：那就是当时南阳经济文化的繁荣昌盛足以升华出如此美妙的艺术。

孙文青共访得汉画像石700块，或拍照，或拓片，编为《南阳汉画像汇存》4辑，现存于南阳博物馆。1936年，就在鲁迅逝世后不久，他从中选出140幅精品，交由南京金陵大学中国文化研究所用珂罗版印刷发行，书名仍用《南阳汉画像汇存》，算是告慰了鲁迅先生的在天之灵。

孙文青以其对汉画研究的贡献，1934年被任命为河南省博物馆馆长（接替关百益）。在他的强烈呼吁下，南阳开始筹资兴建南阳汉画馆，并于1935年10月落成，陈列汉画像石180块。新中国成立后，南阳汉画像石的保护得到了国家的高度重视，发掘汉墓近60座，其中1988年发现的城西麒麟岗汉墓共发掘汉画像石110块，数量最多。1956年11月，时任文化部艺术事业管理局局长、著名戏曲家田汉考察了南阳东关七孔桥桥基上的汉画像石并要求保护南阳汉画像石。1957年，河南省政府拨款改建七孔桥和魏公桥，从两座桥上得汉画像石100余块。1958年，在南阳卧龙岗武侯祠内修建新的汉画馆，收藏汉画像石500余块。1979年，河南省文化厅拨款，在武侯祠东南500米处，新建一座现代化的汉画馆，收藏汉画像石2500余块，陈列具有代表性的作品189块。南阳汉画馆成为中国建馆历史最早、规模最大、藏品最多的一座汉代画像石刻艺术博物馆，同时也是全国最大的汉画像石研究中心。

孙文青的《南阳草店汉画像记》，发表于1933年《国闻周报》第10卷第13期;《南阳草店汉墓星象图》,发表于1934年《科学画报》第一卷。孙文青成为系统研究南阳汉画第一人,他的大部分观点一直被后人所认可和沿用。

南阳汉画的风格豪放粗犷,深沉雄大,浪漫飘逸,极具动感。殷德杰在《老南阳·旧事苍茫》中说:"她是真正的艺术,纯粹的艺术,是可以引领人的灵魂飞升的艺术。中国的魏唐石刻,不论从历史的悠久或艺术水平,在世界上皆有可比性,而南阳的汉画像石却独异不群……当她一身泥土从桥基或溷厕中走出来的时候,世界上所有的艺术便都一片哑然。""你去看敦煌,你会赞美她的恢宏……你会感动于人的艰苦卓绝。而你去看南阳汉画馆的时候,你却没有这些红尘中的沉重,你感到的只是人的浪漫,人的飘逸;你看着看着,就把自己看没了,你把自己的形体抽象了,抽象成一个灵魂,就似一幅汉画,在时空之外翩然地飞行。"

从某种意义上说,南阳的汉画像石,是岩画,也是具象岩画,因为是刻在岩石上的,只不过是经过加工的、可随意移动的块状岩石。她是人类文明走到成熟期后的产物,是南阳荒古抽象岩画经过万年孕育后的美丽绽放:恐龙化石、古猿化石、抽象岩画、汉画像石——南阳的石头终于"开花"了,开得那样的灿烂!

第三章

国之腰膂，天下屏翰

——影响历史进程的南阳古封国

由于南阳地理位置重要，加之物产富庶，历史上许多帝王都把自己的近亲干臣分封于南阳。例如，尧封其子丹朱于丹川；禹封伯夷于吕；商武丁封其子文于苑（宛）；周宣王封其舅申伯于申；秦昭襄王即位后其母芈八子主政，芈八子封其弟魏冉于穰，封其子嬴芾于宛，嬴悝于邓；晋武帝司马炎封儿子司马柬为南阳王；朱元璋封其子朱桱为唐王，封地为南阳。这就是说，看似偏远的南阳，实际上在政治上、血缘上都与中央政权离得很近，这也是在文化发展上，南阳总是与中枢地区同步的重要原因。

这些近亲与干臣，不是来单纯享受南阳的物华天宝的，皇帝给了他们浩荡皇恩，同时也给了他们沉重的使命——屏藩南土，柱础社稷。臣为股肱，地为腰膂，多少危难之际，南阳封国的挺身而出，影响了华夏的历史进程。

1. 国之腰膂——南阳最早的封国吕

"宛城"什么时候成了城，没有具体文字记载，但那肯定是一个漫长的过程。但宛城周边最早的封国是有文字记载的，那就是吕国。《潜夫论·志氏姓》记载："宛西三十里有吕城。"《水经注》记载："梅溪又径宛西吕城东。"《括地志》记载："古吕城在邓州南阳县西三十里，吕尚先祖封。"《元一统志》记载："今南阳县西有董吕村，即古吕城。"《明一统志》记载："吕城在府西三十里，今名董吕村。"董吕村，即现在的卧龙区王村乡的董营村。考古发现，董营村附近有大片古城遗址。这里就是古吕国都城所在地。

相传上古部族首领炎帝，因居姜水流域，遂以姜为姓。炎帝十五世孙伯夷，舜帝时掌四岳之职。国家大事舜帝都要咨询他。《史记·夏本纪》记载：尧崩，帝舜问四岳曰："有能成美尧之事者使居官？"皆曰："伯禹为司空，可成美尧之功。"舜曰："嗟，然！"可见，禹被重用，是时任四岳之职的伯夷推荐的。之后，舜又派伯夷协助禹治水，立下汗马功劳。大禹继舜帝登基后，建立夏朝，封伯夷为吕侯，封地就在古宛城西一带，称吕国。公元前 688 年，吕国被楚文王所灭，楚王将其遗族东迁至今河南省驻马店市新蔡县西南，建立了一个小国，为楚国附庸，史称"东吕"，以区别于南阳之"吕"。国堙城毁，繁华国都变成了一个破落的村庄，起名叫董吕村 。"董吕"，大概是留下的居民董姓较多的缘故。一直到近代，"董吕"二字越来越叫人不懂是什么意思，加上"吕"与"营"又相近，聪明而又不懂历史的某人，就把"吕"改成了"营"，董吕村变成了董营村。

吕，由古"膂"字化来。"膂"指人的腰部。伯夷本姓姜，是夏禹的知遇恩人，也是夏禹的重臣，同时，南阳又是中华之腰，所以封他为"膂侯"。从此吕姓始，南阳成为天下吕姓的宗源地。

吕国自夏禹初封，到公元前688年被楚文王所灭，是历史上王祚最长的封国。不因朝代更替而国除，可见历代吕侯其才其德以及朝廷对其依赖程度之高。直到西周中期，阶级矛盾尖锐，周穆王命吕侯制定《吕刑》，以平复社会危机。《吕刑》分墨、劓、剕、宫、大辟五刑，共三千条，是中国历史上第一部刑法，对后世影响巨大。

当然还有辅佐周王伐商灭纣的杰出韬略家、军事家与政治家姜子牙。他是伯夷的第37代孙，他的名字叫姜尚，又叫吕尚、吕望。他没有当过吕侯，但他继承了历代吕侯的基因，被周武王封为齐王。《孟子》的《离娄上》和《尽心上》两章都提到了姜子牙"居东海之滨"；《吕氏春秋》记载，"太公望，东夷之士也"；《史记·齐太公世家》记载："太公望吕尚者，东海上人……夏商之时，申、吕或封枝庶子孙，或为庶人，尚（姜尚）其后苗裔也。本姓姜氏，从其封姓，故曰吕尚。"用词都很含糊。但有一点是清楚的，他是古吕国的后代，他的祖根在南阳，他的历史华章，他的故事传说，同他的故国春秋一起，成为一部文化大书，被一代一代的南阳人阅读、珍藏。

2. 南国是式——申伯之都与宛城

约公元前700年，在南阳城北出现了另一个封国——申。郦道元《水经注·淯水》明确说："宛城……其城故申伯之都，楚文王灭申以为县也。"《潜夫论》说，申城在"南阳宛北序山之下。"独山，古称序山、豫山。由于"申伯之都"基本上就在现在的南阳中心城区以内，所以，在宛城的名字没出现以前，南阳很长一段时间被称为"申"、"申城"。

申国原是一个不起眼的边陲小方国，在今陕西宝鸡附近。周穆王巡视今宝鸡时，过申，其君主殷勤伴驾，被封侯。公元前827年，周宣王姬静登基，娶申侯的女儿为王后，即历史上有名的"脱簪待罪"的姜后。大舅子公子诚入朝辅政。周宣王五年（公元前823年）六月，猃狁（匈奴的先祖）作乱，周宣王命公子诚与尹吉甫前往征伐，猃狁败逃。公子诚遂名震朝野。当时南方的楚国势力逐渐强大，威胁周室。而南阳正是周楚之间的锁钥之地。宣王看到了公子诚的军事才干，又是王舅至亲，于是就把他分封到南阳，国名仍用申，称南申。周宣王七年（公元前821年），姬静又觉得申地太小，就把申地南边的一个小方国谢国灭掉了，加封于申，并派遣大臣召伯虎在谢地为申伯建立新都城，称谢城（事见《诗经·崧高》）。谢城在今南阳市宛城区金华乡东谢营村，被公认为天下谢姓发祥地，每年都有大批海内外谢姓人士来此寻根谒祖。

周宣王崩，幽王即位。立姜氏申侯女为王后，宜臼姜后子为王太子。周幽王三年（公元前779年），纳褒姒。周幽王荒淫无道，宠幸褒姒，为讨褒姒一笑，在骊山"烽火戏诸侯"。废宜臼，废姜后，改立褒姒为皇后，褒姒子宜服为太子。宜臼南逃申国避祸。周幽王索要宜臼，申伯不予，遂发兵伐申。申伯大怒，联合缯国、犬戎等，攻镐京，围幽王于骊山。周幽王举烽火召救兵，但诸侯们都以为他又在玩恶作剧，都没来。申伯遂杀幽王于骊山下，西周亡。

公元前770年，申伯班师回国，联合鲁、许等国，立宜臼于申，是为周平王。不久，送宜臼入洛阳，以洛阳为都，史称东周。

申伯灭无道，兴东周，他虽然没有当天子，但却开创了一个新时代，历史因他而改元。

那时的南阳，小方国很多，如邓、鄂、谢、随、息、鲁、缯，苑、巴、唐、复、养、濮，不下十数。这些小方国与周室分封的诸侯国不同，它们多是由氏族发展形成的，只要对周室表示宾服，得到周室认可就行了，自由度很大。当时没有郡县，方国就是地方政权，中央政权靠他们来支撑。申伯在南阳鼓励垦荒，发展生产，研制先进的金属生产工具，并加强军队建设，申息之师成为周王朝的劲旅。再加上申伯性格温和敦厚，为人正直（《诗经·崧高》记载："申伯之德，柔惠且直"），不居功自傲，为各方国敬服并视为效法的榜样（《诗经》："揉此万邦，闻于四国"；

"于邑于谢，南国是式"）。这样，在申的带动下，今南阳地区当时经济繁荣，社会稳定，文化先进，成为防御强楚北进的坚强屏翰。

20世纪80年代，在南阳林科所附近发现古申国遗址，考古人员曾在那里发掘出古申国贵族墓葬群，并出土"中偁父簋"等珍贵文物，为古申国在南阳的活动轨迹提供了实物证据。

但是，当时处于上升期的楚国野心勃勃，申国的繁荣与富庶更加刺激了强楚的胃口。终于，公元前688年，楚文王举国北伐，申与吕同时被灭掉。楚国也看中了今南阳地区是个好地方，大力扩建并易名宛邑。邑，也就是城的意思，后来就叫作宛城了。如要追溯宛城的来历，这恐怕就是它的源头。从此，楚风汉韵，就熏沐出一个独特的群体，他们叫宛人，又叫南阳人。

3. 悲歌雄风说楚狂

丹江，古称丹水，在陕西商州的崇山峻岭中，一路向东，在南阳西与淅水交汇，孕育出一片沃野，叫丹川，又叫淅川。

两水相遇的地方，叫丹淅之会。丹淅之会有一座城，叫丹阳，后世百姓叫龙城。

丹阳或龙城，现在在丹江口水库水下，它曾经是一个国都，现在是东方的亚特兰蒂斯（传说中沉于水底的古城）。

周文王有个部下叫鬻熊，家乡在丹江上游，今陕西商县一带。那里古有楚山、楚水，又有大荆川、西荆川，所以鬻熊被称为楚人。史书上没记载他太多信息，只记载了他服侍文王的情况（《史记·楚世家》："鬻熊子事文王"）。到了周成王的时候，"举文、武勤劳之后嗣，而封熊绎于楚蛮，封以子男之田，姓芈氏，居丹阳"（《史记·楚世家》）。公、侯、伯、子、男，"男"是最低一级爵位。熊绎是鬻熊的曾孙。与熊绎同时在朝的鲁公伯禽、卫康叔子牟、晋侯燮、姜子牙的儿子吕伋，都被封侯封王，这让熊绎及其后人耿耿于怀。到了熊绎的四世孙熊渠时，周室衰弱，熊渠趁机封自己的儿子熊康为句亶王，二儿子熊红为鄂王，三儿子熊执疵为越章王，俨然周天子！不久，周厉王即位。熊渠一看不对劲儿，赶紧又把儿子们的封号去掉了。

但是，这口气始终憋在楚人的心里。他们发愤图强，苦心经营，吞并了周围的许多小国，沃野千里，不管周天子封与不封，他们都是一个名副其实的大国——楚国。但他们对这件事还是耿耿于怀。到了熊通继位，是为楚武王，又翻起旧账，且咄咄逼人："请王室尊吾号……王室不听。楚熊通怒曰：'吾先鬻熊，文王之师也，蚤终。成王举我先公，乃以子男田令居楚，蛮夷皆率服，而王不加位，我自尊耳'"（《史记·楚世家》）。他怨恨文王封给自己祖先的爵位太低，此后又一直不加封，他要自己给自己加封。

为一名号，苦争二十一世，五百余年，可见在楚文化中，对名分的看重。"名不正则言不顺",这不只是孔夫子的提倡,而是对历史的总结。

从此,楚国与周王室的矛盾就表面化、激烈化了。再加上强秦的窥伺,疆域的南扩,楚武王五十一年(公元前690年),熊通在伐随途中病卒,"子文王熊赀立,始都郢"(《史记·楚世家》)。为了国都的安全,为了增加战略纵深,楚人把国都南迁了约400千米。司马迁说得很明白,楚文王熊赀即位后才开始以郢为楚都。

周天子本来只是封楚以"子男之田",非侯非王亦非国。但楚人先是讨封,后是逼封,再后是自封,可见楚人性格中豪强与霸气的一面。

楚文王南迁后并没有放弃今南阳地区,而是以退为进,第二年即灭掉了周在今南阳的两个藩屏之国申和吕。之后,楚国为了抵御北方诸国的南侵,自今湖北竹山县起,向西北交于今淅川、邓州、西峡、内乡,往北经南召、鲁山,向东经方城、叶县,再向南到泌阳、唐河,就地取材,用石头筑起一道半环形的长城,把南阳给结结实实包裹了起来。这就是历史上最早的长城——楚长城,它比齐长城早约300年,比秦长城早约460年。

从熊绎居丹,到楚文王熊赀南徙都郢,历经十八世。加上前八世,楚以今淅川地区为都三百余年。文王徙郢到楚亡,历二十一王,467年。这467年间,楚都虽然不在今南阳地区,但楚国几乎把全部国力都用在了争夺、捍卫和经营今南阳地区上。今南阳成为秦楚争霸的主战场,中国的历史,曾在这里回环往复了几百年。

那么，郢在什么地方？有南漳说、钟祥说、江陵说、秭归说、枝江说。春秋时期诸侯国都城迁来迁去是正常的，这些城市可能都做过楚国的都城。但楚国的始都只能有一个，那就是古丹阳，即今日丹江口水库底下的龙城。

丹江口水库于1958年9月1日动工，1967年11月蓄水，最深处近100米。坝址选在湖北省丹江口市。

2003年12月30日南水北调中线工程开工。开工前，80多个考古发掘队对即将淹没的区域进行抢救性考古发掘，出土文物五万余件。众多的珍稀文物和丰富的历史遗存，使那些前来考察发掘的文物专家叹为观止。

1977年，开始对库水消落区进行抢救性考古发掘。考古工作者在淅川县仓房镇下寺（香严寺主寺）附近发掘了24座春秋时期的楚国墓葬，共出土了包括青铜礼器、乐器、兵器、车马器、生产工具和玉器等文物八千余件。这群楚墓中最大的一座是下寺2号墓，该墓为楚令尹子庚墓。子庚墓中出土的编钟被定为国宝。历史记载，子庚名午，亦称公子午、王子午，楚共王晚期任司马，楚康王元年（公元前559年）冬前令尹子囊死，由他接任令尹，至康王八年（公元前552年）病死。他死后的漫长时间里，他的整个家族也都葬在这里。整个下寺楚墓群出土的器物数量之多、造型之精美、工艺之先进、铭文之丰富，为国内同类楚墓所罕见，其中很多器物后来都成为"全国文物之最"。下寺楚墓的发掘，一时间轰动了全国，使人们重新审视楚文化，开始把寻找楚文明的目光投向了淅川。1990年，考古工作者再次在下寺春秋楚墓群附近的和尚岭、徐家岭等地发掘了十余座楚国贵族墓葬，出土文物二千多件。这是丹淅流域楚文化考古的又一重大收获，再一次为楚文化研究提供了重要的实物。1992年，该墓地的发掘被评为全国十大考古新发现之一。

几次的考古大发现使丹淅流域成为世人关注的焦点，考古工作者先后对该地区的楚墓葬进行了全方位的调查。在这里共发现春秋战国时期的楚墓群28处，总数超过2000座。而实际上，这只是冰山一角，因为库水的消落区只是整个库区的一小部分。

随着大量文物的出土，越来越多的学者认为，楚国最初的封地在南阳的淅川，最早的都城丹阳可能就是当地老百姓世代传称的龙城。

如果是，那为什么在湖北的几个丹阳发现了楚王墓葬，而在淅川却只发现了大量的楚贵族墓，却没有发现楚王墓呢？只能等待以后更多的考古成果出现。

4. 王莽新都之吊

汉哀帝建平二年（公元前5年）正月，寒冽的西北风，从渭原上卷过，在秦岭处回旋了一下，灌入东南的一个孔道，如群魔呼啸，冲出武关。武关道上一队散乱的车仗在前行。突然，走在中间的一辆马车，车盖被狂风掀翻，整个车子也晃了晃，几乎被吹倒。一个官袍不整的中年男人从车上下来，迎风而立，望着身后的秦岭说："呜呼！长安风，你是在留我呢，还是赶我呢？"

这个人便是王莽。两天前，丞相朱博、御史大夫赵玄奏言："新都侯王莽前为大司马，不广尊尊之义，拟贬尊号，亏损孝道，当伏显戮。幸蒙赦令，不宜有爵土，请免为庶人。"汉哀帝说："以莽与太皇太后有属，勿免，遣就国。"（《资治通鉴·卷第三十四》）

"遣就国"，就是遣送回封国的意思。

王莽的封国，叫新都，在今南阳新野。

王莽是汉成帝永始元年（公元前16年）被封为新都侯的："永始元年，封莽为新都侯，国南阳新野之都乡，千五百户"（《汉书·王莽传》）。那年他30岁。封侯之后，"爵位益尊，节操愈谦。散舆马衣裘，赈施宾客，家无所余"（《汉书·王莽传》）。38岁那年任大司马，"母病，公卿列侯遣夫人问疾，莽妻迎之，衣不曳地，布蔽膝。见之者以为僮使，问知其夫人，皆惊"（《汉书·王莽传》）。那时，像样的人家，女人见客都要穿曳地长裙的，可是王莽的妻子穿的衣服却只能遮着膝盖，客人们都以为她是仆人。

可是汉成帝死了，他没有儿子，他的侄子定陶王刘欣继承了王位。这样，新皇帝就有了两个太皇太后：一个是成帝的母亲；一个是新皇帝的奶奶。成帝的母亲叫王政君，是王莽的姑姑。哀帝的亲奶奶姓傅，史称傅太后。哀帝登基后在未央宫设宴，宦官们将傅太后的座位并摆到王太后的旁边，王莽按照通常的礼仪，批评宦官说："定陶太后，藩妾（藩王的妻子），何以得与至尊并！"命令把傅太后的座位撤到后边去。这就把傅太后给得罪了。第二年，即被傅太后冠以"不广尊尊之义"、"亏损孝道"之罪，差点儿杀头。

"王莽既就国，杜门自守。其中子获杀奴，莽切责获，令自杀。在国三岁，吏民上书冤讼莽者百数"（《资治通鉴》）。

这就是说，王莽在南阳新野安分守己地住了三年。这中间，他的儿子王获不知为什么事打死了一个奴仆，王莽就逼着儿子自杀了。西汉时期有蓄奴制，个别墓葬里还能发现殉葬者，所以那时主人杀个奴仆并不是十分严重的事。但王莽不一样，他认为这罪大恶极，奴仆的命也是命，就让儿子偿了命。后世的历史学家们没人说王获杀仆有什么不对，而把王莽杀子当作他凶残的重要例证声讨了几千年。

但人心不可欺，三年间，为王莽鸣不平而给皇帝写告状信的有数百人。终于，汉哀帝死后，汉平帝元始一年（公元元年），在大臣们的竭力奏请下，王莽受诏回京，"太后乃下诏：以大司马、新都侯莽为太傅，干四辅之事，号曰安汉公，益封二万八千户。"于是莽为惶恐，不得已而起，受太傅、安汉公号，让还益封事，云："愿须百姓家给，然后加赏"（《资治通鉴》）。他接受了两个职位，却不接受二万八千户的赏赐，说等到天下百姓家家都富足了，再请朝廷赏赐他。

汉平帝元始二年（公元2年）夏，"郡国大旱，蝗，青州尤甚，民流亡。

王莽白太后：宜衣缯练（质量较低的丝绸），颇损膳（大量减少御膳），以示天下。莽因上书愿出钱百万，献田三十顷，付大司农助给贫民。于是公卿皆慕效焉，凡献田宅者二百三十人……每有水旱，莽辄素食，左右以白太后，太后遣使者诏莽曰：'闻公菜食，忧民深矣。今秋幸孰，公以时食肉，爱身为国！'"（《资治通鉴》）由于王莽太节俭，朝廷不得不以下诏的方式，命令他吃肉，这在中外历史上都是空前绝后的。

元始三年（公元3年），汉平帝与王莽的女儿成婚，"有司奏：'故事（老规矩）：聘皇后，黄金二万斤，为钱二万万。'莽深辞不受，受六千三百万，而以其四千三百万分予十一媵（陪嫁的仆人）家及九族贫者。"（《资治通鉴》）有司又奏："请以新野田二万五千六百顷以封莽，满百里。"王莽谢绝不受。第二年，民上书者八千余人，要求给王莽加封。有司请"还前所益二县及黄邮聚、新野田。"王莽"叩头流涕固辞。"到了第二年的正月，"是时，吏民以莽不受新野田而上书者四十八万七千五百七十二人，及诸侯王、公、列侯、宗室见者皆叩头言，宜亟加赏予安汉公。"（《汉书》）但王莽力辞不受，说："诸臣民所上章下议者，愿皆寝（压下）勿上，使臣莽得尽力毕制礼作乐，事成，愿赐骸骨归家，避贤者路（给贤能的人让路）。"这些求情的人跪在皇宫门口，皇上不答应就不走。朝廷只得欺骗上访的吏民说，到夏天再赏安汉公，人们这才离去："虽晓谕罢遣，犹不肯去。告以孟夏将行厥（这，此）赏，莫不欢悦，称万岁而退"（《汉书》）。

可是汉平帝 14 岁时就死了。汉宣帝生元帝，元帝生成帝；成帝无子，在支属中选了哀帝；哀帝又无子，在支属中选了平帝；平帝又无子，于是选了汉宣帝的玄孙刘婴作平帝的皇太子，历史上称孺子婴。刘婴太小，只有两岁，无法理政，"于是群臣奏言……臣请安汉公践祚，服天子韨冕，背斧依于户牖之间，南面朝群臣，听政事；车服出入警跸，民臣称臣妾，皆如天子之制。郊祀天地，宗祀名堂，共祀宗庙，祭享群神赞曰'假皇帝'，民臣谓之'摄皇帝'，自称曰予"（《资治通鉴》）。《汉书》上这段话的结尾一句是："臣昧死请！"《资治通鉴》把这句给删了。满朝文武以死相请，王莽无可推脱了。也就是说，在孺子婴未登基以前，王莽就是准皇帝了。

宗室成员不满，开始在全国大造舆论，说汉平帝是王莽害死的："时帝春秋益壮，冬，十二月，莽因腊日上椒酒，置毒酒中……丙午，帝崩于未央宫"（《资治通鉴》）。但《汉书》却不是这样记载的："平帝疾，莽作策，请命于泰畤，戴璧秉圭，愿以身代。藏策金縢，置于前殿，敕诸公勿敢言。十二月平帝崩，大赦天下。"王莽写下祷词，戴着玉璧，拿着玉圭，穿得像临终时那样整齐，到祭祀天地的地方去祈祷，请求上天让自己代替平帝生病，代替平帝死亡。他把写下的祷词藏在金盒子里，放到金鸾殿前，命令知道的人谁也不许向外说。史书记载王莽是个很迷信的人，他这样做应该是真心的，毕竟平帝是他的女婿！

但天下议论纷纷，皆言王莽毒死了平帝。

居摄元年（公元6年）四月，安众侯刘崇首举反莽义旗，进攻宛城。

安众在宛城西南，今叫安众铺。宛城正南的白水村，是刘秀的舅家，刘秀从小在舅家长大，长大后经常推着小车到宛城去卖粮食。王莽的新都在宛城南，按史书上的记载，封地百里的话，安众和白水村都在王莽的封地以内。因此，安众侯刘崇和刘秀与王莽都会有一定的利益交集，甚而结下人情恩怨。不然，第一个反莽和最后灭莽的，为何都是南阳人呢？

居摄二年（公元7年）五月，"羲和、红休侯刘秀为扬武将军，屯宛"（《资治通鉴》）。

居摄三年（公元8年）二月，因母病，王莽回南阳，"是时莽还归新都国。"（《资治通鉴》）九月，母死。莽侄衍功侯王光唆使窦况杀人，"莽大怒，切责光。"光自杀（《资治通鉴》）。

居摄三年（公元8年）十二月，王莽沉溺于铺天盖地的歌功颂德声中，去"摄皇帝"号，由假皇帝变成了真皇帝。"以戊辰直定，御王冠，即真天子位，定有天下之号曰新。"（《汉书》）年号曰始建国。这就是新朝，历史上也叫新莽。

王莽从当上"摄皇帝"后，就大力推行社会改革，史称王莽新政，又叫王莽改制。其内容可分为：土地改革、奴婢制度改革、工商税务改革、币制改革、国家机构名称改革、少数民族族名改革。

土地改革，即实行王田制，废除土地私有制，把土地收归国有，然后统一分配："父子夫妇终年耕耘，所得不足以自存。故富者犬马余菽粟，骄而为邪；贫者不厌糟糠，穷而为奸……今更名天下田曰'王田'，奴婢曰'私属'，皆不得买卖。其男口不盈八，而田过一井者，分余田予九族邻里乡党。故无田者，今当受田如制度。"（《汉书》）土地分配后，不得私人买卖。

奴婢制改革，就是严禁买卖奴婢，"莽曰……又置奴婢之市，与牛马同栏，制于民臣，颛断其命。奸虐之人因缘为利，致略卖人妻子，逆天心，悖人伦，缪于'天地之性人为贵'之义"（《汉书》）。

工商税务改革，是实行五均六筦（管）。"五均"的主要内容是：在长安及全国五大城市洛阳、邯郸、临淄、宛、成都设立五均官，下设交易丞五人，钱府丞一人。五均官的任务一是按工商各界的经营情况征收税款；二是管理市场的物价。各地五均官在每季度的第二个月，评定出各种货物的标准价格，称"市平"。如果物价高于"市平"，政府就将控制的库存物资按平价出售，以平抑物价；市场价格低于"市平"，则听任百姓自由买卖。"六筦"就是由政府管理六种经济事业，即酒、盐、铁由国家专卖，铸钱由国家专营；向取利于名山大泽的养蚕、纺织、缝补、工匠、医生、巫、卜、樵夫、渔民、猎户及商贩征收山泽税；经营工商业而无资金者，可以向政府借贷，每月百钱收息三钱，很有点现代的工商管理理念。

新莽天凤元年（公元14年）二月，王莽计划将全国视察一遍。他下令官员带上干饭干肉，宦官们带上行李，下旨沿途官员不得给自己提供吃、住、行方面的方便。他说，我东巡的时候，要带上犁，每到一个县，我都要亲自犁地，以鼓励农民按时耕耘；我南巡的时候，要带上锄头，每到一个县，我都要亲自除草，以教化"蛮人"辛勤劳作；我西巡的时候，要带上镰刀，每到一个县，我都要亲自收割，以教导"西夷人"重视收成；我巡视北方的时候，要亲自带上连枷，每到一个县，我都要亲自打谷，以劝导人们做好储藏。"群公奏言：皇帝至孝，往年文母（王政君）圣体不豫（有病），躬亲供养，衣冠稀解……颜色未复，饮食损少。今一岁四巡，道路万里，春秋尊（年龄高），非糒干肉之所能堪。"（《汉书》）

但王莽新政的红利，还有他呕心沥血的辛劳，都被贪官污吏所攫取，心在元元，又伤元元，民怨沸腾，政变风起。

新莽地皇三年（公元22年）十一月，刘秀、刘縯起兵攻宛。第二年，与更始将军刘玄兵合。"春，正月……王莽纳言将军严尤、秩宗将军陈茂引兵欲据宛，刘縯与战于淯阳下，大破之，遂围宛……二月，辛巳朔，设坛场淯水（今白河）上沙中，玄即皇帝位，南面立，朝群臣。"号更始，都南阳（《资治通鉴》）。

刘秀打着汉军的旗号，制造了一个强大的舆论场，就是王莽为了篡汉，毒死了汉平帝；他们的口号就是要灭莽兴汉，为平帝报仇。而王莽虽然代汉当了皇帝，却仍然以汉朝的忠臣自居，所以在政治道义上，他是一个软体动物，既无锋利的铁矛，也无坚硬的铠甲，在铺天盖地的讨伐声中，只能扮演一个受了冤屈而哭哭啼啼的角色。"莽闻汉兵言，莽鸩杀孝平帝，乃会公卿于王路堂，开所为平帝请命金縢之策，泣以示群臣"（《资治通鉴》）。

公元 23 年 9 月 3 日黄昏，满城响起杀死王莽的呼喊声，咸阳官升起的浓烟遮蔽了如血的残阳。王莽避火宣室前殿。他仍感到冤屈，他觉得自己德被天地，道通乾坤；无愧于民，无愧于官，无愧于国，无愧于汉。宣室殿里有一个天文模型，他让负责天文的官员转动箕斗星的斗柄，他穿着紫色龙袍，坐在箕斗星的斗柄上，仰天大呼："天生德于予，汉兵其如予何！"但是，汉军涌进来了，围莽数百重，"商人杜吴杀莽"。

王莽被当作天下第一巨奸骂了两千多年，但近代封建帝制结束之后，很多史学家都认为他是中国历史上第一位社会改革家，是一个有远见的改革者。

翦伯赞："王莽不失为中国史上最有胆识、最聪明的一位政治家"（《中国史纲》）。

何兹全："王莽是个改良主义者，在政策上他是为了自身的利益，而同时又照顾了一般人民的利益的。比起当时黑暗的统治者来，王莽当然是比较进步的"（《王莽》，《光明日报》1951 年 3 月 10 日）。

葛承雍：王莽"是当时统治集团中一个独具卓识的人物。""我们以西汉末年社会的实际条件来衡量王莽的改革措施，不能不承认大多数是有进步意义的，而且切中时弊。"（《王莽的悲剧》，《西北大学学

报》1981年第1期）

千百年来，南阳民间流传着许许多多王莽撵刘秀的故事，诸如《麦仁店》、《扳倒井》、《鸡鸣山》、《三柏一顶岗》、《泥牛驮刘秀》、《马齿菜下藏刘秀》、《错挂金牌》、《二仙庙》等不下数十个。

5. 唐王府里祭唐王

1368年，朱元璋建立明朝。明朝把今南阳地区划为一府二州：南阳府、邓州、裕州。

洪武二十四年（公元1391年），朱元璋把他刚五岁的儿子（《明史》记为第二十三子，出土墓志铭为二十二子）朱桱分封到南阳，称唐王。因此，明时南阳又称唐国。明代藩国是什么概念？《南阳府志》记载得很详细：永乐三年（公元1405年），按照藩王府的仪制，朝廷在南阳通淯街（今和平街）为唐王营建规模宏大的唐王府；王城设四门：端礼、广智、体仁、遵义；府内正殿三座：承运殿、圜殿、存心殿；正殿后边设前、中、后三套宫室，每套三间；王府设长史司、承奉司、仪卫司、典籍所、典膳所、府库、书院、工正、良医等，建筑豪华，机构庞大。到了成化年间，王子王孙越生越多，在城中又建了三成王、新成王、乘修王、汤阴王、淅阳王、文成王、郾城王、卫辉王、新野王九处郡王府。因此，那时的南阳，半个城都是姓朱的。可以想见，南阳城里的平民百姓在这么一个庞大王族的俯瞰下，所承受的生活及心理上的压力。特别是新野王，收租时"打死平人，奸淫妇女，故纵羽翼，扰害地方"。清代方志上记载唐王诸府"豪夺民田……虐民甚苦"。

因此，南阳人对唐王没有好感。历史上流传着许多历代唐王荒淫无度、欺压百姓的故事。最著名的就是唐王站在王府山上，看见哪家娶亲，就把新娘抢来，不从者，即投入老虎圈中。府志中也记载："民居逼其虐势，至不敢白昼婚娶。"南阳城里夜晚娶亲的风俗，一直延续到"文化大革命"前。第一代唐王朱桱只活了29岁，1958年兴修水利时，挖出了他的墓志铭。按常理，墓志上应该给他的一生有一个溢美之词，但没有，在他的赞语中只有这么一句："呜呼！王以国家至亲，永作藩屏，胡（为什么）天啬（吝啬）其年，而一旦遽（突然）至大故，其可痛也！"似乎给史志记载和民间传说作了旁证。

但历代唐王并不是个个都荒淫、个个都平庸的。南阳唐藩共历十一王，值得今人祭悼的，是第九代唐王朱聿键。他让大清的序曲变成了拖沓的慢板，他让大明的尾声变得激昂悠长。

朱聿键出生于明万历三十年（公元1602年），字长寿。他的父亲叫朱器墭，是唐端王朱硕熿的世子。但唐端王娶了一个年轻貌美的嬖妾以后，就对世子朱器墭生出一腔厌恶。朱聿键一出生，这种厌恶终于无法忍受。在一个漆黑的深夜，唐端王把他的世子和世孙一起秘密地囚禁于承奉司内，打算活活饿死他们，然后捏造一个合理的死因，堂皇地埋掉；再然后，立嬖妾的儿子和孙子为世子、世孙。那年朱聿键刚满三岁。

但父子俩久久不死。唐端王以为有神暗助，便不敢再造次，只好让父子俩就这样活着。实际上是承奉司有个看守叫张书堂，看朱聿键饿得可怜，偶尔送些粗米饭，才使父子俩得以苟延残喘。

但朱器墭同父异母的弟弟继位心切，在朱聿键28岁那一年，将其哥哥毒死。"世子为其弟毒死，端王讳之，将传国于次子；分守道陈奇瑜入吊，谓王曰：'世子薨逝不明，若又不立其子，事必发觉'。王惧，始为帝请名，立为世孙。"（黄宗羲：《隆武记事》）于1632年（崇祯五年）继为唐王，崇祯帝赏赐颇丰。朱聿键在王府内起高明楼，延请四方名士。

朱聿键的童年、少年、青年都是在监狱中度过的。但他没有荒废青春年华，在父亲的督导下，读了许多书，并且也读了一肚子抱负。"帝生三岁，祖端王惑于嬖妾，囚世子承奉所；帝亦从之。稍长读书，即能识大义；虽处患难，而志气终不挫"（黄宗羲：《隆武记事》）。他一登上王位，就负起一身担当，忧国忧民忧社稷，针对当时的朝政混乱，他大胆谏言，指斥权臣，既得罪了许多阁老，也惹得崇祯帝不高兴。崇祯九年（公元1636年）八月，清兵阿济格部入关，连克宝坻，直逼北京，京师戒严。朱聿键热血沸腾，报国心切，竟招兵买马，自率护军千人从南阳北上勤王。行至方城，朝廷知道了。崇祯严厉指斥："疏发遂行，已过裕州，诏切责勒还国。"回途中，与李自成的游兵打了一仗，死了两个亲兵。明永乐帝朱棣是由藩王起兵，从侄子朱允炆手里夺取政权的，所以登基后严禁藩王拥兵，无诏严禁入京。朱聿键犯了大忌。虽然京师兵临城下，危在旦夕，率兵勤王实在难得，但经不住一帮早对朱聿键满腹怨恨的大臣们的危言耸噪，终于煽起崇祯帝一腔怒火。冬十一月下部议，废为庶人，派锦衣卫把这位唐王关进安徽凤阳皇室监狱，称为"罪宗"（犯罪的宗族人）。崇祯帝改封其弟朱聿镆为唐王。

这位当年的3岁之囚，到了35岁时，又回到了牢笼里。他当了4年唐王，坐了8年牢。8年后的一个深夜里，崇祯帝自缢而亡。洛阳福王朱由崧在南京即皇帝位，史称南明。同是藩王的朱由崧也许是惺惺相惜，立即赦免朱聿键。但他也觉得朱聿键锋芒凛然，桀骜不驯，对这位宗亲极具戒心，不许他回南阳，而是令他远居广西平乐府，实际上等于再次流放。

1645年5月，朱聿键前往广西。他"贫病不能行"，这天走到杭州，只得稍事歇息。就在他淹留杭州的日子里，清军进至南京，南明皇帝朱由崧兵败被俘。潞王朱常淓于杭州即位。几天后清军杀至杭州，朱常淓献城投降。于是郑芝龙、巡抚都御史张肯堂与礼部尚书黄道周等商议奉朱聿键为监国，三次上疏，皆被聿键拒绝。镇江总兵官郑鸿逵、户部郎中苏观生至杭州，与朱聿键谈及国难，泣下沾襟。后朱聿键被郑鸿逵护送，前往福建。1645年6月5日，黄道周再次上请朱聿键监国疏。6月17日，朱聿键行至浙江衢州，就在检阅部队时发布誓词，表示将亲提六师恢复中原，间接表明他已接受监国重任。20天后，朱聿键于福州正式称帝，改元隆武，改福建布政司称福京，改福州为天兴府。

朱聿键称帝后，追封父亲朱器墭为唐裕王、宣皇帝，追封弟朱聿𫓧为唐王（朱聿𨰾已被李自成杀害）。

黄道周一班明朝遗老竭力推举朱聿键当皇帝的重要原因，除了看准他的才能之外，还看上了他是一个南阳人，他的封地在南阳。南阳是东汉光武帝刘秀的家乡，是汉室重兴的风水宝地。吉人、吉地，他们想让朱聿键承奉天意，做一个明朝的"光武帝"，复兴大明。

他们没有看错人，但他们看错了天时。

"帝英才大略，不能郁郁安于无事。在藩服之时，已思拨乱世而反之正；及其遭逢患难，磨砺愈坚。两京既覆，枕戈泣血，敕断荤酒；后宫不满三十人，半系老妪，于世之嗜好淡如也。性喜文辞，手撰三诏，见者无不流涕感动；御制祖训后序、行在缙绅便览序，皆曲雅可诵。所至访求书籍，亲征亦载书数十乘。"（黄宗羲：《行朝录》）

朱聿键卧薪尝胆，枕戈泣血，收复失地；他的军队一度打到今南阳的邓县和内乡，距他的故国唐王府仅百里之遥。所有仍忠于大明的臣民们，充满了希望。

即位5个月后，朱聿键即下诏亲征。他带领数千南明部队从福州抵达延平，准备收复湖南。可是他的军事主官郑芝龙早已暗中与清兵约降，福建各关隘守军尽撤。清兵如洪水猛泄，围住了延平城。

1646 年 8 月 27 日，朱聿键逃出延平，准备取道汀州去江西。如此危难紧急关头，隆武帝仍然"载书十车以行"，边逃边读，边读边逃。到汀州城外时被清军追上。他带着曾皇后和随驾的周之藩等人躲入关帝庙。清兵在门外厉声喝叫："谁是隆武？"周之藩挺身出庙呼曰："吾乃大明皇帝也！"清兵观其气象，怀疑他不是隆武帝，即进庙搜查，只见后门洞开，庙内空无一人。

朱聿键和曾皇后从后门逃入汀州城内。第二天凌晨，清军前锋统领努山命令几百个兵士穿上明军服装，打着明军旗号，直奔城门。汀州守军以为是败退下来的明军，打开城门。清军一拥而入，俘获了隆武帝和曾皇后。曾皇后赴水而死，朱聿键自缢于囚所内（朱聿键之死有死于汀州说、福州说；有自缢说、绝食说、被杀说），时年 44 岁。

3 个月后，1646 年 11 月 5 日，隆武朝大学士苏观生同广东布政使顾元镜在广州奉朱聿键之弟朱聿𨮁称帝，改元绍武。12 月 15 日，清军攻占广州，朱聿𨮁被俘。清军优待以酒食，朱聿𨮁说："我若饮尔一勺水，便无脸见先人！"绝食而死。

接下来是桂王朱由榔称帝，史称南明永历。永历帝给朱聿键上庙号绍宗，改谥号为配天至道弘毅肃穆思文烈武敏仁广孝襄皇帝；给朱聿𨮁上庙号曰文宗。

1646 年 11 月 18 日，朱由榔在广东肇庆登基。7 天后，江西赣州失守，消息传到肇庆，清兵还在千里之外，朱由榔即仓皇而逃。之后他也基本上没打过仗，总是逃，一直逃到缅甸，被史家讥刺为逃跑皇帝。

另一个在绍兴监国的鲁王朱以海，虽与清军做过抵抗，但最后流亡海上，病死海岛。

慷慨赴死的两个唐王，他们的封国在南阳，他们的家族在南阳已经生活了二百余年，他们是地道的南阳人。

朱聿键和弟弟合起来在位不到两年，但他们的影响却成为清王朝数十年的心头之患。

朱成功的父亲是郑芝龙，就是那个隆武皇帝给了他最大的官，他却出卖了隆武帝而且投降了敌人的人。朱成功原名郑森，是郑芝龙与日本妻子生的儿子。在他21岁的时候，父亲带他入宫，隆武帝看见后极其爱见，以手抚其背，说："恨无一女配卿！卿为尽忠吾家，毋相忘也。"遂赐郑森姓朱，名成功，封为御林军都督、仪同驸马都尉。隆武帝没有儿子，从此就父子相待。1646年3月，加封郑成功为忠孝伯，挂"招讨大将军"印。郑芝龙降清，郑成功以郑姓为耻，遂姓朱。直到今天，南方诸省民间还称他叫"国姓爷"。

隆武帝死后，郑成功接过反清复明的大旗，仍袭用隆武年号。他收复了大片失地，并差点儿占领南京，把清王朝统治者吓出一身冷汗。后退至海上，赶走荷兰人，收复台湾。1662年6月23日，突发急病，大喊："我没面目见先帝于地下！"遂抓破脸后病逝了。他说的先帝，是隆武帝朱聿键。

1683年，施琅率清军攻克了澎湖，直逼台湾，郑克塽投降。

朱聿键葬于福州罗汉岭，南明永历帝即位后上尊号思文皇帝，永历十一年上庙号绍宗；朱聿鐭葬于广州流花湖，1981年迁葬于越秀公园南秀湖畔，永历帝即位后上庙号文宗。这是两个家国情怀很浓的人，清代史学家钱秉镫评价他们："规模阔大好，仿佛汉光武。平时思旧，皆以南阳故人目之。"（钱秉镫：《所知录》）就是说，在他们想家的时候，面前所看到的人都变成了老乡。

这两个南阳人，给大明朝画上了一个轰轰烈烈的句号。

红墙碧瓦半南阳的唐王府，被明末的李自成烧得片瓦无存，现在只剩下一座烧不掉的王府山，孤独地站在那里。它是唐王府后花园里的一座太湖石假山，巍峨秀拔，玲珑怪奇，23米高，几百年里，一直都是南阳城里的制高点。当年，唐王们就是站在这里俯瞰全城，至今南阳人看见王府山心里还酸酸的。但我们还是登上山顶看一看吧，眺望一下遥远的南方，那里长眠着我们的两个想家的老乡……

第四章

金戈铁马，风云际会

——发生在南阳的古战役

南阳是"中原冲要"，"它西控秦关，南定荆楚，北拱神京"。历史上，没有哪一个战略家会把目光从这只"碗"（宛）上轻易划过。国内革命战争时期，蒋介石来过南阳，李宗仁来过南阳，刘少奇同志来过南阳，汤恩伯、白崇禧、陈诚、柳直荀、贺龙都来过南阳；解放战争时期，李先念、徐向前、陈毅、邓小平、刘伯承、陈赓都来过南阳。1948年南阳解放，毛泽东虽然没有到过南阳，但整个国内革命战争时期为指导南阳革命斗争，共发电报89封；亲自撰写通讯，表现出他对南阳非同一般的关注。遥望历史，南阳这块土地上，曾经金戈铁马，风云际会……

1. 丹阳大战

这是一场秦楚易势、华夏板荡的大战，也是一次历史上记载较为详细、被人传颂较多的一次大战。这场战役让我们看到的不只是金戈铁马的拼搏驰骋，还有政治上的纵横捭阖。

这次战役发生在南阳与商洛之间，其中心在今南阳淅川的丹阳，史称丹阳大战。

公元前328年左右，秦国在当时的战国七雄中并不算强大，连魏、韩、赵、燕这些小国都想欺负它。那时最强大的是楚与齐。而楚与齐又是同盟关系。

公元前328年，秦惠文王以张仪为相，开始了连横破纵、吞并六国的战略谋划。

秦国派张仪使楚。张仪见到楚怀王说："大王诚能听臣，闭关绝约于齐，臣请献商於之地六百里，使秦女得为大王箕帚之妾，秦楚娶妇嫁女，长为兄弟之国"（《资治通鉴》）。楚怀王一听，就很高兴地答应了，并把楚国的相印授予张仪，"遂闭关绝约于齐，使一将军随仪至秦（受地）。仪佯坠车，不朝三月。楚王闻之，曰，仪以寡人绝齐未甚邪？乃使勇士宋遗借宋之符，北骂齐王。齐王大怒，折节而事秦，齐秦交合"（《资治通鉴》）。这样，张仪用三寸不烂之舌，轻易地就把齐楚联盟给拆开了，并让齐国与秦结成了联盟。张仪这才上朝，见了楚使，很惊讶地说："你咋不领受土地呢？广袤六里。"楚使说："怎么会是六里呢？我奉命是来领受六百里土地的，没听说过六里。"张仪就耍无赖道，那是你们楚国听错了。楚怀王这才醒悟过来，大怒。丹阳大战因此开始。

为什么这次大战会发生在丹阳，而不是别处呢？打开地图看，商於之地六百里，商指今商洛地区；"於"指今南阳内乡县东边的柴於镇。从商洛到柴於有一条商於古道。商於古道贯穿的这片区域，原属楚，后来被秦国夺去，作了商鞅的封地。商鞅死后，张仪"臣请献上商於之地六百里"，指的就是这片地域。其地域包括今陕西五县：商南、丹凤、洛南、商洛、山阳；南阳四县：西峡、淅川、内乡、邓县。这次大战是楚国发动的，目的就是要夺取商於之地。而丹阳在淅川县靠近商南边界的地方，它是楚国始都，在这商於九县中，是最具地理标志意义和历史标志意义的。所以，以丹阳给这次战役命名是历史学家们的智慧。

　　以楚怀王的愚蠢和贪婪，大战的结局是可想而知的。

　　《史记·楚世家》："……十七年春，与秦战丹阳，秦大败我军，斩甲士八万，虏我大将军屈匄、裨将军逢侯丑等七十余人，遂取汉中之郡。楚怀王大怒，乃悉国兵复袭秦，战於蓝田，大败楚军。韩、魏闻楚之困，乃南袭楚，至於邓。楚闻，乃引兵归。"

　　《史记·屈原贾生列传》："怀王怒，大兴师伐秦。秦发兵击之，大破楚师於丹、淅，斩首八万，虏楚将屈匄，遂取楚之汉中地。怀王乃悉发国中兵以深入击秦，战於蓝田。魏闻之，袭楚至邓。楚兵惧，自秦归。而齐竟怒不救楚，楚大困。"

　　这场空前绝后的大战，历时两年，参战国七个，以商於为发动地，西至汉中，东至南阳，北至邯郸，南至荆襄。在战争最紧要的关头，秦惠王率领全班文武亲临前线。他看到了战争的惨烈，竟昏厥倒地，只得把军政交给他的宠妾芈八子，自己一病不起。

战争的最后是双方回到了原点：楚国把夺回的商於之地归还给秦国，秦国把夺得的汉中归还给楚国。

公元前 299 年，楚怀王并不吸取丹阳之战的教训，再次上了秦国战略欺骗的当，不顾屈原的劝谏，入武关与秦结盟，结果被秦劫为人质，死于秦。

丹阳大战，让历史生色。但历史对秦的不义，并无谴责，对楚的失败也无同情。相反，由于屈原的悲情故事，千百年来，人们对楚国及楚怀王感慨万端。汨罗江上的年年龙舟锣鼓，也不仅仅是对屈子的悼念，更是对历史的不断敲击与呼喊。

2. 刘邦过宛

刘邦过宛虽然没动一戈一剑，但却是刘邦王关中、取天下的关键一役，对大汉王朝的建立具有奠基意义。

那个时候，项羽和刘邦都是打着兴楚的旗号举兵反秦的。秦二世二年（公元前 208 年），反秦义军奉立楚怀王的孙子熊心为王，仍叫楚怀王，都盱台，后迁都彭城。怀王为了调动战斗积极性，与义军约定，谁先拿下秦都咸阳，谁就做汉中王。

义军中最有实力的是项羽，其次是刘邦。如果说"王关中"是一场战斗竞赛的话，参赛队员只能是他们两个。

项羽实力强大，充满自信；性格上又爱斗勇斗狠，所以他从彭城出发，向北，渡黄河，走河北，折而向西，过潼关，捣咸阳。而且秦军的主力都在河北一带，仅仅章邯一个人就带了四五十万军队，在漳水沿岸列阵而待。

刘邦却从彭城出发，经开封，走南阳，过武关，取咸阳。

但谁是胜利者还很不好说，因为刘邦此时只有一万多军队，而项羽却有二十万。

刘邦采用的是避敌疾进的战略，项羽采取的是迎敌强攻的战略。

公元前207年，"三月，沛公攻开封，未拔。""四月，沛公攻颍川，屠之"。"战洛阳东。军不利，南出辕辕。张良引兵从沛公。""六月，与南阳守齮（yī）战犨（chōu）东，破之，略南阳郡；南阳守走保城，守宛。沛公引兵过宛，西。"（《资治通鉴》）

《史记会注考证》："犨，河南汝州鲁山县（秦时属宛）东南。"

也就是说，刘邦在开封打了一下，没打下来，撂下就走；到洛阳打了一下，还没见着洛阳城墙，就又跑了；到了南阳，干脆不打了，绕城而过，"引兵过宛，西。"他是一路向西，向西，心中只有咸阳城，只有关中王的王冠。

但南阳不是开封，不是洛阳，更不是禹州。它是国之腰膂，天下屏翰。任何人无视它或小视它，都要付出惨重的代价。

刘邦的军队已经过了涅阳（约在今镇平县侯集镇和邓州市穰东镇之间），第二天下午就可抵达武关，第三天就可进入汉中，第四天就可逼近咸阳……而这个时候，项羽正在与章邯的40万秦军在漳水岸边厮杀。刘邦洋洋得意。

那是个夜晚，涅水两岸躺满了疲惫的士兵，白天听不见的流水声，这时如母亲的絮语嘤嘤在耳边。刘邦也很累，他躺在行军帐里，让两个女子给他濯足，洗着洗着就睡着了。这时急匆匆地走进一个人，是张良。此时的张良还不是刘邦的属下，他是韩王成的司徒，只是上个月刘邦帮助他收复了许多韩国失地，他们才有了交情。为感谢刘邦"遂略韩地"之情，刘邦"南出轘辕"时，"张良引兵从沛公。"也就是说，这时他们是友军关系，张良带着韩国的军队自成建制，刘邦的一些重大军事行动，并未跟张良商量。

但张良察觉了刘邦所取战略的极大危险，连夜赶来见刘邦。这是伟大的谋略家张良献给刘邦的第一计，在两千二百年前那个闷热的秋夜里，在宛西四十里的涅水岸边，张子房为大汉王朝打下了第一道坚实的基础；也就是从那时起，刘邦才真正认识并拥有了张子房。

"张良谏曰：'沛公虽欲急入关，秦兵尚众，距险。今不下宛，宛从后击，强秦在前，此危道也。'于是，沛公乃夜引军从他道还，更旗帜，黎明，围宛城三匝。南阳守欲自刭，其舍人陈恢曰：'死未晚也。'

乃逾城见沛公曰：'臣闻足下约，先入咸阳者王之。今足下留守宛，宛大郡之都也，连城数十，人民众，积蓄多，吏人自以为降必死，故皆坚守乘城。今足下尽日止攻，士死伤者必多；引兵去宛，宛必随足下后：足下前则失咸阳之约，后有强宛之患。为足下计，莫若约降，封其守；因使止守，引其甲卒与之西。诸城未下者，闻声争开门而待，足下通行无所累。'沛公曰：'善！'乃以宛守为殷侯，封陈恢千户。引兵西，无不下者"（《史记》）。

这样，由于宛守吕齮的投降，刘邦不再有强大的追兵，西进路上畅通无阻，刘邦的军队迅速壮大，兵临咸阳时已达二十万，"秦王子婴素车白马，系颈以组，封皇帝玺符节，降轵道旁"（《史记》）。由于宛守吕齮的投降，刘邦以万人对抗二十万人，赢了这次战斗……

刘邦过宛后，接着就是史家浓墨重彩的另一个故事了——鸿门宴。项羽输了这场竞赛确实有点冤，但再冤也不能无视规则，他既当运动员又当裁判员，最后还吹了黑哨。刘邦不仅没有戴上汉中王的王冠，鸿门宴上还差点儿丢了性命。后来刘邦被项羽撵到巴蜀当了汉王，但他却因项羽的这次背约，而使自己在整个楚汉相争中，始终站在政治道义的制高点上。

刘邦过宛过的是一道龙门，过了这道龙门，刘邦便望见了他的万里江山。

3. 曹操三战张绣

三国时期，今南阳地区饱经战乱。因为东汉时历史统计的南阳人口是二百余万，经过三国混战，到西晋统一时，南阳人口减至三十余万。今南阳地区是三国时期发生战争最多的地方。民间传得最多的是火烧博望坡、火烧新野、曹仁屠宛；而史书上记载最多的是曹操与张绣在宛的争夺战。

曹操三次亲自带兵，征讨张绣。在这三次战斗中，曹操两次遇险，儿子曹昂、侄子曹安民、大将典韦都战死于此。

魏、蜀、吴三股势力，最早占据今南阳的是孙坚。公元190年，董卓为了篡汉，胁迫汉献帝由洛阳西迁长安。时任长沙太守的孙坚，起兵讨卓。"坚前至南阳，众已数万人。南阳太守张咨不肯给军粮，坚诱而斩之；郡中震粟，无求不获。前到鲁阳，与袁术合兵。术由是据南阳"（《资治通鉴》）。袁术慢慢坐大，往东控制了淮南，野心就膨胀了，自己在寿春称帝。

第二个占据今南阳地区的是刘备。建安六年（公元201年），"曹自击刘备于汝南，备奔刘表。表闻备至，自出郊迎，以上宾礼待之，益其兵，使屯新野"（《资治通鉴》）。火烧博望坡（在南阳城北）、火烧新野、三顾茅庐都是这期间的事。

曹操一战张绣是在建安二年（公元197年）。张绣是骠骑将军张济的侄子，"济屯弘农，士卒饥饿，南攻穰（今南阳西南），为流矢所中死。绣领其众，屯宛，与刘表合"（《三国志》）。这时的张绣投降了刘表，为刘表镇守宛。宛对曹操太重要了，西进汉中，南趋荆襄都要通过宛。而且宛东近许昌，属于卧榻之侧。所以，公元197年桃符初换，冬雪未融，年味尚浓，一生勤政尚武的曹孟德便亲率大军向宛城出发了。

当然有惨烈的战斗，但历史的记载极其简略："春，正月，曹操讨张绣，军于淯水，绣举众降。"

但随后的反复颇有戏剧性，引起了史家的极大兴趣。

《傅子》：绣有所亲胡车儿，勇冠其军。太祖（曹操）爱其骁健，手以金予之。绣闻而疑太祖欲因左右刺之，遂反。

《资治通鉴》：操纳张济之妻，绣恨之；又以金与绣骁将胡车儿，绣闻而疑惧，袭击操军，杀操长子昂。曹中流矢，败走。校尉典韦与绣力战，左右死伤略尽，韦被数十创。绣兵前搏之，韦双挟两人击杀之，瞋目大骂而死。操收散兵，还住舞阴。

《吴书》：绣降，用贾诩计，乞徙军就高道，道由太祖（曹操）屯中。绣又曰："车少而重，乞得使兵各披甲。"太祖信绣，皆听之。绣乃严兵入屯，掩太祖。太祖不备，故败。

《魏书》：公所乘马名绝影，为流矢所中，伤颊及足，并中公右臂。

《世语》：昂不能骑，进马与公，公故免，而昂遇害。

《三国志》：张绣降，既而悔之，反复。公与战，军败，为流矢所中，长子昂、弟子安民遇害……公乃引兵还舞阴，绣将骑来钞，公击破之。绣奔穰，与刘表合。

在张绣偷袭那天晚上，还有一个人去世了，她是曹操拥怀而眠的爱妾，她的鲜血就喷溅在曹操的胸膛上。一战张绣，留给曹孟德的，是锥心之痛。

10个月后，曹操养好了箭伤，他操起格虎大戟，重新跨上儿子的战马，开始了对张绣的第二次征讨。

《三国志》：冬十一月，公自南征，至宛。

《三国志》：临淯水（今白河），祠亡将士，歔欷流涕，众皆感恸。

曹操站在淯水边一定哭得很痛。史料记载，长子曹昂聪明且性情刚胆谦和，二十岁时即举孝廉，在曹操的25个儿子中，文韬武略不输其父，曹操很喜爱他，常赋予大任。曹昂不死，就是魏王的继承者，历史也许就会改写，魏家天下也许就不会"三世归晋"。曹操这次率领的是一支复仇的部队，哀兵必胜。他已经拔湖阳，下舞阴，接连打了几个胜仗。但就在他即将跨过白河，进围张绣退守的穰城时，他接到了一个秘密情报：袁绍要偷袭许昌，劫走汉献帝。大本营不能丢，汉献帝这杆大旗不能丢。曹操只好衔恨撤军，回保许昌。

但宛城、张绣，一地一人，皆如喉中骨鲠，让曹孟德卧不能寐，坐不能安。许昌局势稳定以后，曹操再次挥兵宛城，将张绣团团围困于穰城。中间发生了怎样的战斗，史书没有记载。但肯定仍不顺利，因为一直围了将近两个月。刘表遣军救绣，屯兵安众。安众在今南阳西南，今名安众铺，东临淯水，是天然屏障，这样就把曹操的后路及补给线给切断了。曹操一看不妙，只得撤围，东攻安众。他前边撤，张绣后边追，结果刘表、张绣反把曹操合围于安众："及到安众，曹军前后受敌。曹乃夜凿险伪遁"（《资治通鉴》）。他是挖了地道、化了装逃跑的。小说《三国演义》上有曹操化装成女人逃跑的描写。史家虽然没有记载曹操逃跑的细节，只用了"伪遁"二字，但也足可想见曹操当时的狼狈。

事情的反转太出人意料了。就在这次曹操遇险伪遁的第二年，张绣竟主动投降了曹操。"冬，十一月，绣率众降曹操。操执绣手，与欢宴；为子均娶绣女，拜扬武将军"（《资治通鉴》）。这是张绣第二次投降曹操，第一次差点儿要了曹操的命，让曹操失去了亲人和爱将。而这次曹操不计前嫌，仍然敞开胸怀接纳了他，不但封了张绣高官，而且还与张绣结成了儿女亲家。曹操的大度与隐忍，实在让人感动。

当然，曹操得到的回报也很丰厚：他得到了梦寐以求的宛城。

但孙权与刘备一直没有放松对宛城的争夺。建安二十三年（公元218年），关羽屯襄樊，逼南阳，暗中策动曹操的守将侯音叛曹，"冬，十月，宛守将侯音反。"宛城重归刘备。这时在襄樊与关羽对峙的是大将曹仁，"魏王操命仁还讨音。"

公元219年，"春，正月，曹仁屠宛，斩侯音。"（《资治通鉴》）

公元220年，"春，正月，武王至洛阳；庚子，薨。"（《资治通鉴》）

曹操一生经历战阵无数，三战张绣于宛，无疑在他心灵上镌刻得最深：最深的记忆，最深的痛。

4. 李自成九战南阳

历史上，对今南阳破坏最大的是发生在金元之际和明清之际的战争。到1312年，历来人口密集的南阳，全境人口仅5000余人，其战争情节一定震撼人心，会给后人留下许多镜鉴。宋元之时，发生在今南阳地区的战争，史书记载不多，我们就绕过宋元，来说明清，说李闯王九战南阳。

清史上记载李自成打南阳的最早时间是明崇祯六年（公元1633年）。那年十一月，高迎祥、李自成、张献忠、罗汝才等义军齐集河北，崇祯帝派大将左良玉等堵剿。义军连战皆败，被追至黄河边，河水汹涌，无路可逃，只得乞降。崇祯派来监军的宦官杨进朝相信了他们的话，兴冲冲地进京去向崇祯汇报。可是就在这时，一夜北风紧，黄河结冰了。起义军渡河，河南的明军没有及时阻扼，义军由小道进入内乡，大掠南阳。

清史记载的李自成第二次打南阳，是三年以后，陈永福败之朱仙镇，（义军）遂走登封，分赴裕州、南阳。兵部侍郎陆象昇、总兵祖宽、总兵官祖大乐、游击将军罗岱与义军大战七顶山，李自成所部损失惨重。

七顶山今名七峰山，在方城县北，南阳东北。山上有古楚长城遗址，但也有人认为那就是李自成这次战役所修的工事。这是一次大战，兵部侍郎陆象昇和总兵官祖大乐亲自指挥。李自成此次损失最大，退至南召、鲁山。

发生在南阳的事，南阳的志书应该记载得比较详细，但出人意料，以上两次战役南阳方志均无记载，倒是《乾隆御批纲鉴》和《明史》都给记下来了。《乾隆御批纲鉴》是乾隆皇帝亲自过问，由纪晓岚等著名学者参与编写的一部编年史书，有很高的权威性。书中从崇祯六年至崇祯十六年（公元1643年），共记李自成攻宛9次，张献忠攻宛4次。

崇祯十一年（公元1638年）正月，张献忠部假借官军旗号，屯南阳南关（光绪《南阳县志》）。

夏，四月，张献忠伪降，总理军务熊文灿受之。献忠尝伪为官兵，欲绐（骗取）宛城。左良玉始至，献忠仓皇走，前锋罗岱射之中额，左良玉马亦及，刀拂献忠面，马驰以免（《乾隆御批纲鉴》）。

八月，马进忠、罗汝才等十三部皆聚南阳（光绪《南阳县志》）。

九月，洪承畴命曹变蛟穷追，设伏于潼关南原，大破之。自成妻女俱失，从十八骑遁商洛（《乾隆御批纲鉴》）。

李自成"从十八骑遁商洛"以后到哪儿去了？《乾隆御批纲鉴》上没有记载。而南阳的志书上说李自成率三十骑进了南阳的淅川；姚雪垠的长篇历史小说《李自成》也采此说。淅川与陕西的商洛交界，张献忠与罗汝才又正在南阳活动，所以此说是可信的。这是李自成第三次战南阳。光绪《南阳县志》记载，崇祯十二年（公元1639年），左良玉败义军于镇平关。

这之后李自成去了哪里？史书又是一段空白。但历史是无空白的，李自成显然是被左良玉从南阳赶到了湖北，然后走神农架，进了四川。

十三年，九月，李自成走郧、均（湖北郧县、均县，与南阳相邻），遂入河南。先是，杨嗣昌在彝陵，檄自成出，令降。自成出嫚语，官军围之鱼腹山中，自成大困……，自成欲自刭，以养子双喜劝而止。有刘宗敏者，蓝田锻工也，最骁勇，亦欲降。自成知之，与步入丛祠，顾而叹曰："人言我当为天子，盍卜之神，不吉，若断我头以降。"

宗敏诺。遂三卜，三吉。宗敏还，杀其两妻，谓自成曰："吾死从若矣！"军中壮士闻之，亦多杀妻子愿从者。

会巡抚邵捷春移置戍兵，围者懈，自成乃尽焚辎重，轻骑由郧、均走河南。河南大旱，斛谷万钱，饥民从自成者数万。遂自南阳出攻宜阳……自成于是势大炽。

杞县举人李信者，逆案中尚书李精白子也，尝出粟赈饥民，民德之，曰："李公子活我"。

会绳伎红娘子反，掳信，强委身焉。信逃归，官以为贼，囚狱中。红娘子来救，饥民应之，共出信，往归自成，约为兄弟，改名岩……自成猜忌好杀，岩因说曰："取天下以人心为本，请勿杀人，收天下心。"自成从之，屠戮为减……岩复造谣词曰："迎闯王，不纳粮！"使儿歌之……（《乾隆御批纲鉴》）

上面这段记述，简洁生动，人物形象跃然纸上，有丰富的文学内蕴，给人以广阔的艺术想象空间，很有点儿太史公的流韵。小说家读到这里，是很容易产生创作冲动的。这正是当年触发南阳老乡姚雪垠创作《李自成》灵感的地方。

这是李自成第四次打南阳。从崇祯十二年四月逃离南阳，到崇祯十三年（公元1640年）九月再回南阳。在这段时间里，他先是车厢峡之困，后是鱼腹山之围，窘迫到差点儿自杀。但他回到了南阳，南阳是他的福地，他虽然带来的是数不满百的残兵败将，但他遇到了一个时机："河南大旱，斛谷万钱。"这是《乾隆御批纲鉴》的记载，光绪《南阳县志》的记载是："崇祯十二年，南阳大蝗灾，草木食尽。始则飞蝗如雨，继而蝻结块数十里并排而进。自北而南，山河城垣无阻，遇井则自井口至底又上，草木稼禾无遗，居民室中箱笼衣物尽蚀。年大饥，斗米万钱。"连屋里都是蝗虫，连箱柜衣物都啃，真是太可怕了。就在这个时候，被传唱为"迎闯王，不纳粮！"的李自成来了。于是，还没有饿死的穷苦农民，差不多都参加了李自成的起义军。李自成的军队一下子扩张到数万人。李自成率领着这支饿虎之师，北攻洛阳，一路上像滚地龙似的，滚到洛阳城下，部队已达百万。崇祯十四年，春，正月，李自成陷洛阳，"杀福王常洵……火王宫，散金以赈饥民。乘胜围开封……"（《御批历代通鉴辑览》）

第四次打南阳是李自成的拐点，从此李闯王就无闯而不胜了，直到拿下了北京，坐上了金銮殿。《御批历代通鉴辑览》对此作了描述。

> 崇祯十四年，十一月，李自成陷南阳，杀唐王聿镆（隆武帝朱聿键弟），总兵猛如虎死之……连陷邓州十四城，再攻开封，高明衡及陈永福力拒。永福射中自成一目，自成退屯朱仙镇。
>
> 崇祯十五年，九月，李自成决河灌开封，城陷。
>
> 崇祯十五年，十一月，自成连营五百里，再屠南阳，进攻汝宁……时河南都邑无不残破，朝廷不复设官……中原向乱，于是为极。
>
> 十六年，春，正月，改襄阳曰襄京，修襄王宫殿居之，称新顺王。

李自成最后一次打南阳是在崇祯十六年（公元1643年）十月。他在襄阳称号之后，意志有点儿懈怠，想着称王荆襄，就算坐拥天下了。在一次讨论下一步作战计划时，顾君恩建议："关中山河百二，宜先取之，建立基业。然后旁略三边，资其兵力，攻取山西，以向京师，此上策也。"
李自成听从了顾君恩的建议，率师从襄阳北上，经南阳，取关中。崇祯
帝急命总督孙传庭围堵。孙传庭率师东出，打下了郏县、宝丰、唐河。"自
成以万骑迎战，大败，几获之。会天大雨，道泞，粮车不进。自成遣轻
骑出汝州，腰截粮道。"孙传庭只得分兵护粮，自己亲率一军向南阳进发。
而李自成的主力正在南阳等着他。"至南阳，传庭还战……官军克其三。
已而稍却，火车奔，骑兵亦大奔……传庭大败。"从前都是传庭追自成，
这次是自成追传庭，一直追到陕西潼关。孙传庭最终战死沙场。

李自成的第九次南阳之战，消灭了大明朝最后的主力。一个月后，
崇祯十七年（公元 1644 年），春，正月，李自成建国于西京，国号大顺，
改元永昌。三月十九日黎明，崇祯自去冠冕，以发覆面，自缢于煤山。
李自成乘乌驳马，入承天门。所以，这一战，对李自成的大顺王朝来说，
是有奠基性质的，在他傲然走过承天门，踏进皇城的时候，他的衣服上
一定还沾着南阳的风尘，他的乌驳马的马蹄里，一定还夹着白河岸边的
泥沙。

李自成九战南阳之后，南阳剩下一座空城，宏大的唐王府和九座郡
王府化为半城瓦砾。南阳从此就真的败落了，整个有清一代都一蹶不振，
曾经"商遍天下，富冠海内"的南阳城，到 1948 年 11 月，人口仅 3.8
万（据《南阳市志》）。

第五章

此地多英豪，邈然不可攀

——南阳文化名人

　　南阳人杰地灵，名人众多，像春天的鲜花，把南阳历史的原野点缀得五彩缤纷。而且，南阳的名人是代有人出，呈现出明显的传承性。据查，"二十五史"中列传的南阳人有 361 位，不入传的有 323 位。东汉是今南阳地区最辉煌的时期，光封侯的南阳人就有 120 位。到了现代，冯友兰、董作宾、杨廷宝，都是世界级的大师。新中国成立至 2000 年，河南省共有中国科学院院士 45 名，南阳籍占了 12 名，洛阳 2 名，开封 5 名，郑州 4 名。东汉文学家蔡邕说南阳："雄俊豪杰往往崛出，……名臣继踵。"诗人李白说南阳："此地多英豪，邈然不可攀！"……

1. 范蠡——五湖渺渺烟波阔，谁是扁舟第二人

　　一叶扁舟的欸乃声，遥远，微弱，但却敲击着一个民族的心房。

扁舟的船尾，站立着一个南阳人，他注视着渐行渐远的故国，也注视着渐行渐远的家乡南阳。

他是范蠡。他的脚下，扔着一堆他刚脱下的越国大夫的官服与冠冕，如同卸下了一身的枷锁与重担，只剩下生命中的率意与潇洒。

他本来就是一个率意的人，率意得不为俗人所容。《会稽典录》说他：“佯狂倜傥负俗。”“文种为宛令，遣使谒奉。吏还曰：‘范蠡本国狂人，生有此病。’”在一般人眼里，他是一个疯子，一个神经病，我们搭理他干嘛呢？可是宛县县令文种具有识人辨物的慧眼，听了手下的汇报，“种笑曰：‘吾闻士有贤俊之姿，必有佯狂之讥；内怀独见之明，外有不智之毁，此固非二三子所知也。’”他干脆亲自驾车去见范蠡。

范蠡的家在今南阳城南三十里屯一带，1995 年曾在这里发现一通古碑，上刻“古范蠡乡”。《越绝书》：“范蠡其始居楚也，生于宛……”《吴越春秋》：“蠡字少伯，乃楚宛三户人也。”《水经注·淯水篇》：“宛城南三十里，有一城甚卑小，相承名三公城，汉时邓禹等归乡饯离处也……城侧有范蠡祠。蠡，宛人，祠即故宅也。后汉末有范曾，字子闵，为大将军司马，讨黄巾贼，至此祠，为蠡立碑，文勒可寻。夏侯湛之为南阳，又为立庙焉。”范蠡庙就在三十里屯村上，现为乡小学，古迹已毁弃殆尽，但仍有几处剥蚀的墙基与残碑在喑哑诉说。

文种驾车到了三户里，来到一家破宅陋院门前。他伸手敲了敲柴扉，突然从门旁的破洞里伸出一个人头，乱发覆面，学着狗的样子，两眼瞪着他汪汪大叫。随从怕文种太尴尬，连忙叫人用衣服将墙洞盖住。东汉赵晔《吴越春秋》记载："大夫种姓文名种，字子禽，荆平王时为宛令。至三户之里，范蠡以犬窦蹲而吠之。从吏恐文种惭，令人引衣而障之。"

文种这次被范蠡给"咬"走了。他有点光火。我跑几十里专门来拜访你，你怎么竟装成狗来咬我呢？莫非你真是一个疯子？可是又不像啊，他家门口拴的牛比别家的都壮，门前池塘里养的鱼又大又肥……哎呀！文种突然想起来了——宛人有一句俗话："狗咬是贵人。"这范蠡学狗叫，是在用特殊的表达方式来欢迎我啊！"汪汪！"几声，既是欢迎词，也是考题，可惜他没考过关！

于是，就有了文种三访范蠡。这是明代罗贯中《三国演义》中刘备三顾茅庐的模本。"大梦谁先觉，平生我自知。"诸葛亮装腔作势和自我推销的意味太浓，哪有范蠡"汪汪"几声狗叫率真而智慧啊！

"有顷种至，抵掌而谈，旁人观者，耸听之矣！"（《史记正义》引《会稽典录》）

那时，楚国正在衰败，像屈原、伍奢、伍子胥等有才能的人都死的死，逃的逃。文种与范蠡成为好朋友后，觉得在楚国没前途，就商量着出走。他们有两个出走方向：一是吴国；二是越国。两国都在上升时期，都在南方，气候好，国内富庶。文种倾向于吴，范蠡说，我们不能去吴，因为伍子胥逃到吴国去了，他与楚国有杀父之仇，他肯定要报复楚国，我们是楚国人，去了没有好处。于是两人就去了越国。"乃入越，越王常与言，尽日方去"（《越绝书》）。

果然，不久伍子胥就带领吴国军队打败了楚国，并占领申。吴王阖闾将申地封给伍子胥作奖赏，所以伍子胥又称"申胥"。《国语·越语》："王（越王勾践）召范蠡而问焉，曰……今申胥谏其王，王（吴王夫差）怒而杀之。"

越王允常任命范蠡为大夫。

檇李之战，吴王阖闾被越国打死了，新国王夫差要为父亲报仇。越王勾践凭着檇李大战的底气，信心十足，要来个先发制人，主动出击。范蠡坚决劝阻他："君王不盈而溢，未胜而骄，不劳而矜其功，实为逆于天而不和于人，若强行之，必危及社稷，害及己身"（《吴越春秋》）。勾践不听，率骄兵入吴。公元前494年，吴越战于夫椒，越国大败，最后剩下5000人，被伍子胥率领的数万大军围困在会稽山上。勾践这次出师，不仅带着满朝文武，还带着妻妾儿女，目的是让他们观战，看一场胜券在握的游戏。可是现在却被吴军铁桶一般围困在山上，断粮断水，饥渴难耐。等待着敌人残酷而羞辱的杀戮吗？勾践拔出了越王剑，他要先杀了妻妾儿女，然后自杀。

范蠡和文种阻止了他。范蠡献"卑辞厚礼，乞吴存越"之计，使勾践保住了性命，越国保住了社稷。然后，范蠡陪着勾践在吴国的马厩里过了三年屈辱的奴隶生活，终于取得了吴王的信任，被释放回国。

回国后的故事人们都熟悉了：十年生聚，十年教训，卧薪尝胆，韬光养晦，秣马厉兵。这中间勾践按捺不住复仇雪耻的欲望，几次要兴兵伐吴，都被范蠡劝阻。一直到12年后，公元前482年夏六月丙日，范蠡说，大王，可以了，出兵吧！越国的复仇之师如狂风般卷过吴国边界，一下子围住了吴国都城姑苏。夫差的太子友自杀，王孙弥庸战死。

这个时候夫差在哪儿呢？他正带着吴国的主力在黄池与诸侯会盟。他慌慌张张地戴上盟主的桂冠，回家赶贼。但气喘吁吁的疲惫之师，哪是以逸待劳的越军的对手呢？打了几个败仗之后，只好向越国乞和。勾践不许，他复仇心切，想一举灭掉吴国。但范蠡说，吴国实力还很强，打几个胜仗可以，但要消灭人家还不到时候。他主张允和。勾践听从了范蠡。

接下来越国继续十年生聚，十年教训，继续卧薪尝胆，韬光养晦。为了麻痹吴国，范蠡发动了与楚国的战争。吴国一见很高兴，越国跟楚国打起来了，这一下我们可没事了。大将公子庆忌不这样认为，他认为这是越国借楚国练兵呢，得赶快备战。夫差说他扰乱民心，别有用心，就把最能打仗的将军庆忌给杀了。这是公元前475年冬天的事。范蠡一看时机到了，就说，大王，可以了，出兵吧！

越兵又如狂风一般，卷过吴国边境，包围了姑苏城。勾践主张攻城，一举灭吴。范蠡说，攻守之势，必有十比一的兵力，可是我们现在与吴国的兵力不相上下，攻坚没有胜利的把握。我们只围住他，打他的救援部队和突围部队。只要我们严密封锁住他们，城中无米无粮，日久自溃。

越国围吴三年，果然，"居军三年，吴师自溃。"（《国语·越语》）吴王夫差自杀，吴灭，时为公元前473年。

勾践终于灭吴雪耻了，终于实现了称霸天下的梦想。勾践知道自己有今日、越国有今日，全靠范蠡的功劳，他曾经真心地向范蠡许诺过：子听吾言，与子分国。现在他要把越国最高最有实权的官职封给他。

"位极人臣"在等着范蠡。荣华富贵在等着范蠡。鲜花和掌声在等着范蠡。居功至伟在等着范蠡。

但是，此时的范蠡已经在船上了，桨声平静而自适。范蠡认为大名之下，难以久居，为书辞于勾践，不复入越，遂乘扁舟浮于五湖。

范蠡给勾践玩了一个心跳，给天下玩了一个心跳，也给历史玩了一个心跳。

范蠡临走前也给文种写了一封信，劝其也提早隐退。信的内容有两个版本，《史记》上记载的内容是，"（蠡）遗大夫种书曰：蜚鸟尽，良弓藏，狡兔死，走狗烹。越王为人长颈鸟喙，可与共患难，不可与共乐，子何不去？"《吴越春秋》记载的内容是："吾闻天有四时，春生秋伐；人有盛衰，泰终必否。知进退存亡而不失其正，惟贤人乎！蠡虽不才，明知进退。"文种——范蠡曾经的领路人和知遇者，读了范蠡的信犹豫了；他犹豫着、犹豫着，就被勾践给杀了。"大夫种内忧不朝，人或谗之于王，越王遂赐文种属镂剑，文种伏剑而死。"（《吴越春秋》）

范蠡泛五湖，出三江，浪迹两千多里，到了齐国定陶。他开始了新的人生，新的传奇。

《素王妙论》：蠡变名易姓至陶，自谓陶朱公，行十术之计（十分之一的利润）。二十一年之间，三致千万，再散于贫。

《史记》：（范蠡）耕于海畔，苦身戮力，父子治产，居几何，致产数千万。

《史记》：范蠡既雪会稽之耻，乃喟然叹曰："计然之策七，越用其五而得意。既已施于国，吾欲用之家。"乃乘扁舟浮于江湖，变名易姓，适齐为鸱夷子皮，之陶为朱公……与时逐而不责于人。十九年之中三致千金，再分散与贫交疏昆弟。此所谓富好行其德者也。

这样，范蠡成为中国历史上"忠以事君，智以保身，商以致富，富以济贫"的千古典范，被人们崇拜着，敬祀着。他是伟大的政治家、军事家、谋略家，而且还是中国最早的商学家和慈善家。他根据自己的经商实践写了《陶朱公术》、《陶朱公养鱼经》、《致富奇书》等著作，一直影响到当代。近年根据范蠡的经商思想，整理出版的书籍有《陶朱公商训》、《理财致富十二法则》、《经商十八法》、《商场教训》等。中国民间有四大财神：比干、范蠡、赵公明、关羽。其实只有范蠡是三致千金的财富达人，而且有著作遗世，既是创造财富的实践家，也是理论家，所以他才是中国真正的财神，而其他人都是名誉财神。财神虽多，商圣却只有一个，那就是范蠡。

当然，最让我们佩服敬仰的还是范蠡"功成身退"的智慧和人格。

一个独立的人，一个不为高官和财富所羁绊的人，站在天地间，徜徉在大海上，成为人生之高标，让人千年企望。可是，我们企望了几千年，至今却没有第二个范蠡出现。

我们望着苍茫的大海仍会茫然地发问："五湖渺渺烟波阔，谁是扁舟第二人？"

2. 百里奚——何年一丘土，不见石麒麟

南阳城西有一道逶迤苍莽的岗峦，呈环形，拥抱着南阳。岗峦有三个起伏，南边的一个起伏叫卧龙岗，是诸葛亮躬耕的地方；中间一个起伏叫麒麟岗，是秦相百里奚的故里；北边一个起伏叫靳家岗，是中国的基督之城，被欧洲称为东方梵蒂冈。

一岗出两相！

中国的文化宝库里，有一个著名的成语典故，叫"假虞灭虢"。这既是一个文化经典，同时也是一个军事经典和政治经典，古往今来，政治、军事、文化，没有哪一家会把它轻描淡写。

百里奚是这个典故的第一个受害者；同时也因为百里奚而使这个典故充满了文化意涵。

公元前654年，百里奚在虞国王宫里当大夫。虞国的北方有一个晋国，西与秦国相邻，东与虢国搭界。那时晋国比秦国还要强大，晋献公

雄心勃勃，扩张地盘，欲霸天下。他想把东边的虢国灭掉，可是晋、虢之间隔着虞国，于是晋献公用一匹马和一块玉去贿赂虞侯，请求同意借道伐虢。虞国的大臣宫之奇和百里奚都劝虞侯，晋国野心不测，千万不能借道于晋。但虞侯太喜欢晋国的那匹马和那块玉了，就流着口水答应了晋国的要求。宫之奇算定晋国必灭虞国，连忙卷包逃走。他劝百里奚也逃走，百里奚却说，我们没劝阻住主上已经不忠，临危逃走更加不忠，我还是跟着主上吧。果然，晋国灭了虢国后回师途中，顺道就灭了虞国。百里奚和虞侯一起做了俘虏，被押解到晋，做了晋国的奴隶。

这时秦国的国君是秦穆公，他为了结秦晋之好，向晋国求婚。晋献公就把自己的女儿伯姬嫁给了秦穆公。晋献公给的陪嫁很丰厚，除了金银财宝，还有一大群男女奴隶。其中有一个白发苍苍却又红光满面的老奴隶，就是百里奚。

百里奚可不甘心终生为奴。他在去咸阳的路上逃跑了。他翻过吕梁山，顺着秦岭，一直往南，进武关，想回家乡南阳。他四十来岁离家，已经三十多年没有回家了。他的家在宛城西岗上，岗上都是石头，土地贫瘠，连茅草都长不起来。他忘不了当年离家的情景：妻子杜氏起早送他，家里无粮，妻子把仅有的一只鸡杀了；也无柴，妻子把门栓劈了当柴烧……跑了几十年，没想到熬成一个奴隶跑回来了，真对不起妻子啊！唉！七十多岁了，回家守着妻子，守着二亩薄地，过一辈子吧。妻子，妻子还好吧？离别时的咳嗽病好了吗？

越离家近越想家啊，恨不得一步就跨进门槛儿！

百里奚在家时就善于养牛，所以他买了两头牛一路赶上，准备回家过日子。可是，刚踏上武关吊桥，便被把门的楚兵给拦住了。他离家太久，穿戴与口音都与楚人不同，一眼就被认出来了。"五年，晋献公灭虞、虢，虏虞君与其大夫百里奚，以璧马赂于虞故也。既虏百里奚，以为秦穆公夫人媵（陪嫁人）于秦。百里奚亡秦走宛，楚鄙人执之。"（《史记》）"百里奚之未遇时也，亡虢而虏晋，饭（贩）牛于秦。"（《吕氏春秋》）

他被当作秦国奸细，押到楚成王跟前。他说自己不是奸细，是个养牛人。楚成王不信，就问他："饲牛有道乎？"百里奚答："时其食，恤其力，心与牛而为一。"楚王道："善哉，子之言！非独牛也，可通于马。"于是便让百里奚做了自己的马夫。（《吕氏春秋》）

秦穆公与伯姬拜了花堂后，就拿过晋国陪嫁的礼单来看。一看，有个陪嫁的奴隶叫百里奚，名字奇奇怪怪的，就问大臣公孙枝，百里奚是个什么人啊？公孙枝说百里奚是虞侯的大夫，宛人，知虞侯不可谏而不谏，是其智；可走而不走，是其忠；饲牛则牛肥，圉马则马壮，是其能。秦穆公说，那赶快把他喊来让我见一见。可是派人到处找却找不到百里奚。把负责押解的晋国人找来询问，才知道百里奚已经跑到楚国去了。秦穆公说，赶快派人带上重金去楚国把他要回来！公孙枝说，大王啊，越重金，越要不回来呀。穆公焦急道，那可怎么办？公孙枝说，他是我们的奴隶，一个奴隶可换五张黑羊皮，我们就拿五张黑羊皮去把百里奚换回来吧。穆公一听，明白过来，抚着公孙枝的肩哈哈大笑。公孙枝就派了一个不起眼的人去楚国跟楚国说，我们大王夫人跟前有个奴隶叫百里奚，前不久偷了官里的东西逃跑了。听说被贵国抓住了，不胜感激。现在我带了五张羊皮来赎他，请求贵国允许我把他带回秦国治罪。楚成王一听，百里奚？就是给我喂马那个老头吧？还是个贼啊？那快点儿让秦国带走吧。"穆公闻百里奚贤，欲重赎之。恐楚人不与，乃使人谓楚曰：吾媵臣百里奚在焉，请以五羖羊皮赎之。楚人遂许与之。"司马迁在《史记》里惜字如金，他省略的细节肯定比我们的演绎生动得多。

秦国使者押着百里奚一定走得很慌急，他们怕犯迷糊的楚王回过神来。他们从郢都出发，过汉水，经宛，出西关，踏上了武关道。百里奚的家就在武关道边上，那时叫南坊郭堡，可能是武关道进入宛城的一处兵防，现在叫百里奚村。村东一条南北现代化马路叫百里奚路，村北一条现代化马路叫麒麟路。其实麒麟路就是古武关道中的一小段。

我们无法确定是上午还是黄昏，百里奚被押解着走到了村边。他的脚步突然变得无比沉重，好像马上就要到家乡的土地上了。他急切地向村里张望，想看见自己家的房子，想看见妻子杜氏，想看见儿子孟明视……但秦使一声紧一声地呼喝催促，他不敢停下脚步，他是一个逃奴，一个罪犯啊。

三天以后，他们过了菊潭，过了白羽城，出了武关。刚走过武关吊桥，秦国大臣公孙枝即跑步迎上，解下了百里奚身上的绳索，挽臂疾行。

拐过一个山角，一辆豪华的马车停在那里，是秦王的车辇。秦使与公孙枝一边一个将百里奚扶上马车，一声响鞭，飞驰而去。同时，从路两边渐次涌出无数士兵，紧随在车辇后边，搅起一股烟尘。烟尘的后边，从武关的吊桥上追出几个骑兵，但不远就是秦界，他们只得勒马驻足。百里奚听见了战马前蹄腾空的嘶鸣声。

楚国人清醒过来了，但也晚了。他们失去了百里奚，失去了一位辅国良臣，失去了一次王霸天下的机会；此前齐国失去过，虞国也失去过。这次，在百里奚72岁时，让秦国给"逮"住了！

秦穆公远出郊外，迎接百里奚。

"当是时，百里奚年已七十余。穆公释其囚，与语国事。谢曰，臣亡国之臣，何足问！穆公曰，虞君不用子，故亡，非子罪也。固问，语三日，穆公大悦，授之国政，号曰五羖大夫。"（《史记》）"缪公遂用之，谋无不当，举必有功。"《吕氏春秋》。

百里奚相秦十年，辅佐秦穆公倡导文明教化，实行"重施于民"的政策，内修国政，外图霸业，开地千里，称霸西部，统一了今甘肃、宁夏等地，使一个西鄙小国成为一个"发教封内，而巴人致贡；施德诸侯，而八戎来服"的强国；他是秦国称霸并最终统一天下的第一个奠基人。他活了79岁，"及卒，秦国男女流涕，童子不歌谣，舂者不相杵（舂米的人都停下了石杵）。"

百里奚从一个社会最底层的小人物，通过自己的奋斗，成为中国名相，同虞舜、傅说等人一起被孟子树为中国历史上的励志典型。《孟子》：

"舜发于畎亩之中，傅说举于版筑之间，胶鬲举于鱼盐之中，管夷吾举于士，孙叔敖举于海，百里奚举于市（指被当作奴隶卖掉），故天将降大任于斯人也，必先苦其心志，劳其筋骨，饿其体肤，空乏其身，行拂乱其所为，所以动心忍性，曾益其所不能。"这是中华民族传统文化中最经典的座右铭。

百里奚死后葬在哪里？正史上无记载。南阳城西麒麟岗上有百里奚墓，在百里奚村东，高 7 米，墓南 100 米处立有石碑，碑文是"百里奚故里"，落款为"南阳知府朱璘镌立　康熙三十六年岁次丁丑季春吉旦"。墓旁有七块怪石，排列如北斗，因此，当地百姓称七星冢，而不知是百里奚墓。百里奚墓建于何时，无法考证，见于文字最早的是宋人黄庭坚的诗《过百里奚大夫冢》："行客抱忧端，况复思故人。何年一丘土，不见石麒麟。断碑略可读，大夫身霸秦……"据此可知，宋以前，百里奚大夫冢就是一个很知名的古墓了，而且墓上有一对石麒麟。这对石麒麟是不是秦穆公作为对百里奚的表彰和赞颂而刻立的呢？不好说。但它像南阳宗资墓上的那对辟邪一样，一定很出名，史籍上会有记载的，可惜我们没有查到。更为可惜的是，早在诗人黄庭坚来凭吊之前，那对石麒麟已经没有了，只有一丘土，苍凉地孤蹲在那里。

1928 年，驻守南阳的国民党第五军二十四师石友三部，盗掘百里奚墓，遗臭万年。由于历史的原因，古墓今已无存。

3. 张衡——日落丰碑暗，风来古木吟

　　1300多年前的一个黄昏，曾经写过《讨武曌檄》的骆宾王骑着毛驴，站在张衡墓前，捋着长髯，望着落日，听着风声，吟咏着今昔之叹。

　　骆宾王是从洛阳到南阳来游玩的。"驱车差驽马，游戏宛与洛。"那时名人骚客都好到这两个地方来旅游，就像现在的人喜欢到北京和上海一样。

　　张衡字平子，他的墓在南阳城北石桥镇南门外。通往洛阳的三鸦古道穿镇而过，骆宾王的毛驴出了南门，走到一通古碑前突然停下不走了。骆宾王扭脸看那古碑，上刻"汉张平子墓"，这才意识到自己刚刚走过的小镇，就是古西鄂城，现在脚下站着的，就是张衡的家乡和墓地了。骆宾王慌忙下驴。

　　骆宾王骑的驴是在三鸦古道路边农户家租来的，这些驴经常驮着游客来往宛洛间，而背着书囊挎着琴剑的读书人，一走到平子墓前，都要停下凭吊。所以时间久了，驴就成了"导游"，一走到这里就停下了。

　　骆宾王走进墓园。墓园很大，有祠堂和享殿，墓前有石象生。但荒草杂树将石象生掩埋了，一直"疯狂"到享殿的祭台边。园中名人古碑不少，但有几通歪倒了。好在大书法家崔瑗撰并书的平子碑还在，园里的松柏十分蓊郁，尚能给人一点欣慰。日已近山，骆宾王在平子墓前深深地拜了两拜，出园，上驴。骆宾王突然又把缰绳勒住了。他有点不忍

离去，觉得张衡的身后，不该这样孤单，不该这样荒凉。他捋着长髯，望着落日，听着缭绕在松柏间如歌如泣的风声，长长的哀婉就化成诗句"潺湲"了千余年。

过张平子墓

骆宾王

西鄂该通理，南阳擅德音。

玉卮浮藻丽，铜浑积思深。

忽怀今日昔，非复昔时今。

日落丰碑暗，风来古木吟。

惟叹穷泉下，终郁羡鱼心。

张衡的家就在墓东不远处，隔路相望，叫夏村。夏村东边是淯水，现在叫白河；西边是紫灵山，现在叫紫山；北边是连绵的伏牛山，南面就是一望无际的南阳盆地和荆襄平原。这里至今张姓丁口兴旺，有"旺张不旺李"的说法。

张衡于公元78年出生。他的父亲可能过世太早，史籍无载。但其祖父张堪《汉书》有传，是光武名臣，历任蜀郡太守、渔阳太守，以清正廉洁享有史名。张衡出生时，张堪已去世多年。虽是官三代，但张衡却是农家穷孩子。祖宗根基与家承，深植在张衡的基因里。15岁，一般孩子还懵懂无知的时候，张衡已背上行囊，孤独地行走在咸阳古道上。张衡所处的是罢黜百家、独尊儒术的时代，但他却从儒学"学而仕"的铁套里逃脱出来，读天读地，读风读雨，读山读水，读生读死，终于"读"成一个参透天地、悟彻阴阳的天文学家。

张衡游学长安一年，走遍了三辅，游览了周王朝的丰镐和秦王朝的阿房宫遗址，领略了华山、终南山、骊山，于和帝永元七年（公元95年）来到洛阳。洛阳有太学，是当时的最高学府，张衡向往之至。但他是个穷孩子，无人举荐，所以只能当旁听生，在寒风凛冽中坐在讲堂窗外，雪花落满了他的肩头。

太学里的师生都是天下饱学之士，他们对张衡的苦学精神很感动。张衡也主动追着他们请教学问。这样，他就在太学里结下了不少师友之情。其中就有精通天文历法的经学家贾逵，精通太玄术数的书法家崔瑗。《后汉书》对张衡这段经历的记载是："游于三辅，因入京师，观太学，遂通五经，贯六艺"。

张衡在洛阳待了6年。这时汉和帝派黄门侍郎鲍德到南阳当太守，鲍德请张衡回乡，任南阳主簿。这是张衡的文学期，他写下了《定情赋》、《扇赋》、《南都赋》、《二京赋》、《思玄赋》等一系列诗文，奠定了他文学家的地位。东汉安帝永初二年（公元108年），鲍德调回京师，任大司农。鲍德邀请张衡一起进京，但张衡拒绝了，他回到了西鄂，回到了夏村，开始了天文历法的研究，开始了对宇宙的探索，开始了对日月星辰的叩问。这是一个文学家的华丽转身。《后汉书》记载："衡善机巧，尤致思于天文、阴阳、历算。"汉安帝刘祜听说后，亲自派公车征调张衡进京，拜为郎中；公元114年，拜为尚书侍郎；115年，拜为太史令。太史令主持灵台工作，掌管历法、观测日月、候风望气、调理钟律，为国家祭奠、征战等大型活动选择吉日，记录灾异、瑞兆。

张衡这次找到了人生和事业的真正归宿。在太史令的岗位上，他不仅展现了优秀的行政能力，也展现了卓越的科研能力。他日夜守在灵台上，观测日月运行、星际变化，研读前人典籍，写下了世界上不朽的天文学名著《灵宪》。《灵宪》从哲学和科学的高度全面阐述天地的生成与结构，解释了日月星辰的本质与运动，把世界从神化的虚妄迷雾里解放了出来。哥白尼的《天体运行论》于1543年出版，《灵宪》比它早1400多年。

在《灵宪》里，张衡认为宇宙之初是一团混沌，"寻绪本元，先准之于混体"。在之后的《浑天仪图注》里更进一步明确说："浑天如鸡子，天体圆如弹丸，地如鸡子中黄，孤居于内，天大而地小，天表里有水，天之包地，犹壳之裹黄，天地各乘气而立，载水而浮……其形浑浑，故曰浑天。"这就是张衡的浑天理论，根据这个理论，结合自己的长期观测和计算，他给地球定下了黄赤二道，立南北二极，"黄道斜带，其腹出赤道表里各二十四度，日之所行也"（《浑天仪图注》）。在约1900年前，张衡就把赤道与黄道的夹角准确地计算出来了。他对南北极和黄道、赤道的天文学概念以及计算出的许多天文数据，至今还被现代天文学运用着。

公元 117 年秋天的一个上午，蓝天显得特别深邃。天上有一朵丝状的白云，罩在洛阳南郊高耸的灵台上，把灵台衬托得似入云端。灵台下聚集了很多人，人们都仰面望着台上。灵台顶层观天处，有一群冠带飘飘的"仙人"，在围着一个神秘的东西指手画脚。其中一个戴着流苏皇冠，像玉皇大帝似的人，是汉安帝刘祜。那个神秘的东西用青铜铸造，球形，斜置在一个圆盘里，圆盘叫地平圈。球体旋转着，一半掩于地平圈下，因此人们看到的总是一个半球体。这就是张衡根据他的浑天理论制造的浑天仪，"铜浑集思深"，骆宾王在他的诗里称它为"铜浑"。

球体中间有个铁轴，称天轴，贯穿球心，与球体有两个接触点，即天球上的南极和北极。球面上布列有二十八宿等星辰；有黄道圈和赤道圈，两圈夹角 24°；有地平圈和子午圈，天轴支在子午圈上，与地平圈斜交成 36°，即北极高出地平 36°。

那么，浑天仪怎么会转呢？张衡想到了用水来做动力。他设计了一组漏壶，壶中水一滴一滴落下，击打在浑天仪的齿轮上。水滴是匀速的，齿轮的数量也是经过精心测算的，浑天仪正好一昼夜转动一周，与地球的转动同步。这样，人们就可从浑天仪的转动，很直观地观察到日月星辰的运行变化。《晋书》记载道："张平子既做铜浑天仪，于密室中以漏水转之。令伺之者闭户而唱之，其伺之者以告灵台之观天者曰：'璇玑所加，某星始见，某星已中，某星今没'，皆如合符也。崔子玉（崔瑗）为其碑铭曰：数术穷天地，制作侔造化，高才伟艺，与神合契。"可见浑天仪计算之精密，设计之精巧。

公元132年，张衡制造出世界上第一台候风地动仪，比欧洲同类仪器早1700多年。《后汉书·张衡传》："阳嘉元年，复造候风地动仪。以精铜制成，员径八尺，合盖隆起，形似酒尊，饰以篆文、山龟、鸟兽之形。中有都柱，傍行八道，施关发机。外有八龙，首衔铜丸，下有蟾蜍，张口承之。其牙机巧制，皆隐在尊中，覆盖周密无际。如有地动，尊则振龙，机发吐丸，而蟾蜍衔之。振声激扬，伺者因此觉知。虽一龙发机，而七首不动，寻其方面，乃知震之所在，验之以事，合契若神。"

张衡发明了候风仪（三足铜鸟），比欧洲人的同类仪器（风鸡）早1000多年。

张衡发明了独飞木雕，比西方最早的飞行物实验早1600多年。

张衡还造出了计里鼓车。

他是东汉六大画家之首。

他还是数学家，对圆周率有精确的研究，有著作《算罔论》、《张衡算》。

著名物理学家、中国现代物理学研究创始人严济慈先生说："张衡'不患位之不尊，而患德之不崇；不耻禄之不伙，而耻智之不博'，是我国东汉时期伟大的科学家、文学家、发明家和政治家，在世界科学文化史上树起了一座巍巍丰碑。"

然而，"日落丰碑暗，风来古木吟"。1954年秋天，一个叫布科夫的苏联水利专家，从信阳南湾水库工地专程来到南阳拜谒张衡墓。他来到石桥镇夏村，问犁地的农民：张衡墓在什么地方？一连问了几个，皆摇头不知。苏联专家说："你们这里不是夏村吗？张衡是南阳夏村人，我们苏联科学院里挂了许多世界科学家的画像，第一个就是你们的张衡，你们怎么不知道呢？"农民回答，我们这里有一个尚书坟，没听说有张衡墓。

苏联专家把找不到张衡墓的事向河南省政府反映。1956年，省政府拨款3000元，指示南阳县政府修复张衡墓。县文化馆到夏村寻找张衡墓，仍找不到。到夏村中学去问教历史的教师，历史教师竟也不知。最后问到语文教师水仲贤，水仲贤才说，张衡当过尚书，尚书坟就是张衡墓。文化馆的人去看，只见尚书坟上犁痕数创，已经坍塌漫漶为桌面大小，要不了三五年，就将泯无踪迹，只是有几棵老玉米在这里长得特别苗壮。

1963年，张衡墓被河南省政府公布为省文物保护重点单位；1988年被国务院公布为全国重点文物保护单位。新的张衡墓园占地38000平方米，分墓园和博物馆两大部分。人类文明之光重新洒满了张衡的故乡。

夏侯湛：（张衡）学为人英，文为辞宗。

崔瑗：君天资睿哲，敏而好学，如川之逝，不舍昼夜。是以道德漫流，文章云浮，数术穷天地，制作侔造化。瑰词丽说，奇技伟艺，磊落焕炳，与神合契。

郭沫若：如此全面发展之人物，在世界史中亦所罕见。万祀千龄，令人敬仰。

翦伯赞：浑天说的代表人物，是东汉的太史令张衡。张衡是有名的文学家，又是反谶纬的思想家，也是杰出的科学家。

1970 年国际天文学联合会第十七委员会（月球委员会），命名月球上的一座环形山为"张衡山"；1977 年国际天文学联合会第二十委员会委托国际小行星中心，将太阳系中一颗编号为 1802 的小行星命名为"张衡星"。2003 年 6 月 14 日，国际小行星中心将编号为 9092 号的小行星以张衡的故乡命名为"南阳星"。

一个市，有三颗命名星，这在全世界也是少见的。

三星高照，南阳吉祥！

4. 张仲景——圣人圣德千古祀，大医大善天地心

世界上偶然与巧合，往往跟虚妄混迹。这可能是一个虚妄的故事，但表达的是一颗真心，凿凿石勒，磊磊其人。

张仲景，名玑（亦写作机），字仲景，南阳涅阳人，晚年移住宛城东关温良河畔；因当过长沙太守，又称张长沙。

张仲景的父亲张宗汉在洛阳做官，因此张仲景年轻时与京城名人有一定交集。邻人张伯祖是个乡村郎中，张仲景从小就爱坐在张伯祖屋里，非常好奇而专注地望着张伯祖给人切脉，望气，观舌，炮制药材。东汉名士何颙（南阳人，《后汉书》有传）见到这个小老乡，惊奇地说："君用思精而韵不高，后将为良医。"韵不高，即不爱高谈阔论，行事低调。何颙以识人著称，"初，颙见曹操，叹曰：汉家将亡，安天下者必此人也。"荀彧年少时，何颙见了说："颍川荀彧，王佐之器。"（《后汉书·何颙传》）他都言中了。

张仲景笃实好学，博览群书，但他最爱读的还是医学。他精心研读《素问》、《灵枢》、《难经》、《阴阳大论》、《汤液经法》、《胎胪药录》等古代医书。尤其《素问》对他的影响最大，《素问》中"夫热病者，皆伤寒之类也"的观点，对他的医学思想及医学文献《伤寒论》都具有启迪作用。

除了"勤求古训"，继承先人医学遗产外，张仲景还不耻下问，"博采众方"，广泛收集民间验方，对民间的针刺、灸烙、温熨、药摩、坐药、洗浴、润导、浸足、灌耳、吹耳、舌下含药、人工呼吸等疗法都一一加以研究。经过几十年的努力，张仲景收集了大量资料，结合个人在临床实践中的经验，写出了《伤寒杂病论》十六卷（又名《伤寒卒病论》），《疗妇人方》二卷，《五脏荣卫论》一卷，《脉经》一卷，《疗黄经》一卷，《口齿论》一卷等。其中《伤寒杂病论》历时 10 年写成，遂"大行于世"。可惜时逢汉末，天下大乱，这些著作大部分都散佚了。晋代，名医王叔和将散佚的《伤寒杂病论》加以收集整理重新成书。到了宋代，分编为《伤寒论》和《金匮要略》二书，被后世医家奉为"方书之祖"。它发展并确立了中医辨证论治的基本法则，是我国第一部临床医学巨著，对于推动后世医学的发展具有巨大的作用。直到今天，我们使用的许多药方都出自张仲景的《伤寒杂病论》。据说，日本出品的中成药中，取自伤寒方的超过 60%。

张仲景生活在东汉末年，历经董卓之乱和三国混战，生灵涂炭，满目疮痍。曹操在他的《蒿里行》里悲怆莫名："白骨露于野，千里无鸡鸣。生民百遗一，念之断人肠。"他的儿子曹植在《说疫气》诗中也恻然唏嘘："家家有僵尸之痛，户户有号泣之哀。"张仲景在谈到他写《伤寒杂病论》的动机时写道："余宗族素多，向余二百，建安纪年以来，犹未十稔（年），其死亡者三分有二，伤寒者十居其七"（《伤寒论序》）。死人太多，白骨遍野，必然造成疫病流行。《后汉书·五行志》记载，从汉安帝元初六年（公元 119 年）至汉献帝建安二十二年（公元 217 年），大疫流行 10 次。所谓大疫，张仲景把它统称为伤寒。生存条件优越的建安七子中，有五人死于伤寒（其中的王粲，张仲景还给他诊治过），就不要说普通老百姓了。在大疫流行的情况下，那些侯王及太守、都督并没有罢手，而是把刀磨得更加锋利，把弓弩做得更加先进，还在忙着打打杀杀。

可是，有一个太守——长沙太守，张仲景，他听着四面刀枪剑戟的砰鸣，端坐在府衙的大堂上，望、闻、问、切，昼行活人之术，夜著活人之书。他的大堂外躺满了生病的老人、孩子、妇女，也有呻吟着的刀箭伤者。他给我们留下了一个"坐堂行医"的名词和榜样，闪耀在中华文化中。

太守，可以占一片地盘，拉一支队伍，做一方"诸侯"。许多人都这样做了，如孙坚、刘备、袁绍……

但张仲景没有，张仲景在历史上属于没有政绩的太守，所以，正史上没有他的名字。他的名字镌刻在人民的心里，镌刻在读书人冯应鳌的基因当中，有一天那基因突然跳了出来，让他做了一个荒唐的梦。但他信那个梦，不懈地追寻那个梦，直到把那个梦变成现实。

其实他的梦也是千千万万沐浴着医圣流泽的炎黄子孙的梦。

1959 年，卫生部决定重修医圣祠，并成立仲景文献馆，时任卫生部部长李德全题词，刻碑树于张仲景故里碑亭内。

"文化大革命"开始后，祠遭破坏。

1981 年，卫生部再次提出重修医圣祠。

1991 年 4 月 18 日，张仲景诞辰 1840 周年之际，"张仲景学术国际研讨会"在仲景故里召开，来自日本、美国、苏联、印度、法国、德国、意大利等国内外中医药学专家 230 多人参加。

现在，医圣祠焕然一新。它坐落在南阳老城东关仁济桥西，新亮化的温凉河流碧滴翠，花开四季，是 21 世纪的南阳人献给先生的一只永不凋谢的花环；宏伟的山门外，是 21 世纪的南阳人献给先生的一对汉风子母阙，巍峨庄严，如先生在我们心中。进阙门 20 米，耸立着高大的先生塑像，像后 30 米，就是先生之墓。墓呈俯斗形，收集汉砖建成；四角各有汉石刻羊头一个，象征吉祥，也象征牲祭。墓前有清顺治十三年（公元 1656 年）南阳府丞张三异重修陵墓时所立墓碑，上刻"东汉长沙太守医圣张仲景之墓"。从 2002 年开始，每年仲秋，由科技部、国家中医药管理局、河南省人民政府主办，南阳市人民政府承办的张仲景中医药文化节，都要在这里举行盛大的祭拜仪式，南阳医圣祠门前，红毯铺地，礼花绽放，鼓乐齐鸣，用最隆重的礼仪，表达我们的敬仰与感恩。

5. 冯友兰——三史释古今，六书纪贞元

20 世纪的中国出现了两个家庭，像日月双星，照彻了中华民族的文化天空。一个是浙江绍兴的周家，出了周氏三兄弟：周树人、周作人、周建人；一个是河南南阳的冯家，出了冯氏三兄妹：冯友兰、冯景兰、冯沅君。

冯友兰是中国近代史上泰斗级哲学大师。他因其哲学成就在中国乃至世界备受崇敬。而与他心灵交往的人当中包括韩国现任总统朴槿惠。朴槿惠在 2007 年 5 月韩国《月刊随笔》上发表的《遇见我人生的灯塔——东方哲学》中写道："冯友兰先生的《中国哲学史》把深藏已久的东方

精神遗产挖掘并擦亮，使其成为闪闪发光的宝石，让我们明白如何坚定地走过这花花世界。对于我来说，遇见这本书，是无比珍贵的缘分。"

冯友兰，字芝生，1895 年 12 月生于南阳唐河县祁仪镇。幼读私塾，熟背《诗经》、《论语》、《孟子》、《大学》、《中庸》。9 岁时，因父亲冯台异到武汉新式学校方言学堂任职，举家迁汉，冯友兰亦从此接受西学教育。1908 年冯友兰 13 岁时，父亲冯台异因病暴卒于崇阳县知县任上，举家搬回唐河。15 岁时考取开封中州公学，接着又考取了上海中国公学。冯友兰向班主任提出要学哲学，班主任诧其人小心大，说："你要当孔夫子呀！"1915 年，冯友兰从中国公学毕业，考入北京大学文科中国哲学门。

1919 年 6 月，北大毕业的冯友兰考取官费留学资格，在胡适的建议下，到美国哥伦比亚大学学习西方哲学。他如饥似渴地研读西方哲学经典，特别是法国哲学家亨利·博格森的《创造进化论》、《直觉意识的研究》等书，对他的哲学思想启发很大。他开始对中国的哲学重新思考，产生了要为中国传统文化重新定义的大愿。

1923 年，冯友兰获得哥伦比亚大学博士学位，8 月归国，任开封中州大学哲学教授，并兼任文学院院长。1925 年到广东大学任教授，讲授中国哲学史，同时还给美国人办的一所华语学校讲授《庄子》。1926年离开广东到燕京大学任教授。1928 年，冯友兰应邀到清华大学任秘书长和哲学教授，与金岳霖、杨振声、陈寅恪并称"清华四巨头"。

1934年出席在布拉格召开的"第八次国际哲学会议"，并在大会上做了题为《哲学在现代中国》的学术报告。会后，他申请访问苏联。他怀着极大的兴趣和探究事实真相的心理，踏上了苏联的国土。回国后他写了一些介绍历史唯物主义的文章，作了访苏见闻演讲。他说："苏联既不是人间地狱，也不是天国乐园，它不过是一个在变化中的人类社会，这种社会可能通向天国乐园，但眼前还不是。"这次演讲引起了国民党当局不满，1935年10月，冯友兰被警方逮捕。鲁迅为此事愤然写道："安分守己如冯友兰，且要被逮，可以推知其他了。"在全国抗议声中，冯友兰很快被释放。

1937年抗日战争爆发，清华、北大、南开大学南迁昆明，组成西南联大，冯友兰任西南联大文学院院长。当时的西南联大是全国名教授集中的地方，以学识和"直言"闻名的刘文典认为，西南联大只有三个教授：一个陈寅恪，一个冯友兰，而他自己与唐兰合起来算一个。这个一生狷介得连蒋介石他都敢顶撞的人，口出此言，可见冯友兰当时在学术文化界的声望与地位。

1943年，冯友兰代表西南联大的教授们，执笔给蒋介石写了一封信，希望蒋介石进行宪政改革，实行民主。信中写道："昔清室迟迟不肯实行宪政，以致失去人心……睹一叶之飘零，知深秋之将至。"蒋介石被冯友兰的诚恳所感动，读信后"为之动容，为之泪下"。时任西南联大历史系主任、著名历史学家雷海宗说冯友兰："即便你的书都失传了，这一篇文章（指给蒋介石的信）也可以使你不朽。"

1946年，冯友兰赴美任客座教授，获美国普林斯顿大学、印度德里大学、美国哥伦比亚大学名誉文学博士。1948年冯友兰回国之后担任清华大学校务会议主席。1952年，冯友兰调入北京大学。以后，冯友兰被选为中国科学院哲学社会科学部常务委员，并先后被选为第二、三、四、五、六届全国政协委员，四届全国人大代表。

冯友兰从新中国成立伊始，就与毛泽东同志有书信来往，之后曾多次与毛泽东同志见面。他是新中国成立后最受毛泽东同志关注的学者之一。

冯友兰晚年曾自拟一联："三史释古今，六书纪贞元"来概括自己一生的主要著作。三史是《中国哲学史》、《中国哲学简史》、《中国哲学史新编》；六书是《新理学》、《新世训》、《新事论》、《新原人》、《新原道》、《新知言》，合称"贞元六书"。

《中国哲学史》：分上下册，分别完成于1931年、1934年，是第一套以西方哲学概念完成的中国哲学史著作。其中许多概念已成定论，为后世学者所共同接受，是中国哲学史的奠基之作。

《中国哲学简史》：由1948年在美国宾州大学上课教材编写而成。此书被译为十多国语言，销售数百万册，是西方各国大学中国哲学史课程必用的教科书，也是西方了解中国哲学的最佳入门途径，享誉很高。

《中国哲学史新编》：共七册，完成于1990年，是冯友兰在84岁至95岁高龄时，在近乎失聪和失明，在每年住院数次的情况下，口述由弟子笔录而成的。

"贞元六书"：成书于1939年至1946年，包括《新理学》、《新世训》、《新事论》、《新原人》、《新原道》与《新知言》。《新理学》为其总纲，后五册分属各章节，主要讲纯粹哲学。《新世训》是社会观，是新理学观点在社会问题中的应用。《新事论》是生活方法论与道德修养论。《新原人》是人生哲学，将人生分为四个境界。《新原道》是哲学史观，分析中国哲学的发展。《新知言》是方法论，总结中西哲学史的经验。

1990年11月26日20时45分，一代哲人冯友兰在北京友谊医院逝世，享年95岁。季羡林对冯友兰的评价是：仰不愧于天，俯不怍于地，大节不亏。

2011年11月13日，在冯友兰诞辰116周年之际，冯友兰纪念馆在唐河县城落成。

6. 董作宾——常向春风望故乡，宛城一钩旧月亮

南阳是一个神秘的地方。它深不可测的神秘，是沉厚而弥漫的文化氛围造成的。20世纪后半叶，南阳出了个作家群，让世人诧异不解；20世纪前半叶，南阳出了个以董作宾为代表的史学家群，对汉画像石和甲骨文的发掘与研究，也让世界望着南阳"瞪"大了好奇的眼睛。

河南安阳殷墟博物馆恒温恒湿的玻璃柜里，保存着一块龟板，龟板

上边刻着 1936 年中央研究院历史语言研究所第十三次对殷墟发掘时的考古人员名单，上面除了研究院院长蔡元培和史语所所长傅斯年之外（他们担任领导性工作，不直接参与发掘），还有 15 个人。这 15 个人中，其中南阳人占了 5 个，他们是：董作宾、郭宝钧、王湘、尹焕章、杨廷宾。除了这 5 人之外，还有两个南阳人因不是史语所的人，没有列入名单之中，一个是赵青芳，一个是为了殷墟发掘由中央研究院和河南省政府联合成立的河南古迹研究会主任张中孚。也就是说，在整个殷墟发掘中，南阳人是发掘队伍的主体，占了将近一半，其中领队董作宾是 20 世纪中国最伟大的考古学家之一。

清末民初，南阳最繁华的商业街是长春街（现在的解放路）。在长春街中段路东，一个有雨搭板的窗户下，摆了一个刻字摊，刻字先生是一个十二三岁的小孩儿，穿长衫，梳长辫，文静聪慧。别看他岁数小，刻的字却很有筋骨，常引得行人围观，生意也就比街对面的两家好。

这位刻字小先生，就是董作宾。

1895 年 3 月 20 日，董作宾出生于河南南阳，初名作仁，后改作宾，字彦堂；成名后书斋名"平庐"，因以为号。董作宾祖籍河南温县董杨门村，祖父辈来南阳。父亲董士魁在长春街开一小杂货店。也许是穷，据同时代人回忆，他家在长春街并无住宅，后来在王府街（现在的和平街）住过，最后的住宅在北关大街（今工农路）路西，可能是先生成名之后所置买。房子很矮，柴瓦，覆盖有石棉瓦、油毛毡，很残破。2016

年春，在众多文化界人士的不懈呼吁下，市委市政府高度重视，对董作宾故居进行了修复，并辟作纪念馆。

董作宾家境不好，1910 年入元宗高小，不久即辍学。但他自小就有强烈的求知欲望，在他的刻字摊上，经常放着书本，一没生意，即埋头读书。在董作宾刻字摊北边路西，住着一位清末举人，名叫张嘉谋（字中孚），是中华民国第一届国会议员，河南著名教育家。张中孚也经常看董作宾刻字，不禁为这个小孩儿的聪明才智以及他的执着刻苦所感动。他资助董作宾报考南阳县师范讲习所，董作宾毕业后又以优异成绩留校任教。1917 年，张嘉谋把他带到省会开封，让他住到自己家里，一面指导他读书，一面整理书房，干些家务。不久，即引荐他考入开封育才馆读书，在时经训讲授的《河南地志》中，董作宾首次接触到甲骨文并产生浓厚兴趣。1922 年，张嘉谋赴北京任职，又将董作宾带到北京，吃住均在张家。北大教授徐旭生（著名历史学家，后任北师大校长）也是南阳人，经常到张嘉谋家做客。当时徐旭生正办《猛进》杂志，张嘉谋便介绍董作宾给徐旭生跑印刷，做校对，誊抄讲稿。徐旭生发现他聪明忠厚，又刻苦能干，便介绍他入北京大学旁听语言学，空余时间对罗振玉的《殷墟书契前编》进行摹印、研究。 1923 年董作宾考入北京大学国学研究所读研究生，研习甲骨文。1925 年，董作宾北大研究生毕业获史学硕士学位，先后任教于福州协和大学和河南中州大学。1927年赴广州中山大学任教，并同文学院院长、著名史学家傅斯年结为知交。

当时，傅斯年正在广州创办中央研究院历史语言研究所，即聘董作宾为通讯员。1928年春，因母病，董作宾回南阳，在省立南阳中学（今南阳一中）教书。暑假时，与恩师张嘉谋一起到安阳殷墟考察，发现当地村民大肆挖掘并出卖甲骨，即向傅斯年建议，由中央研究院主持进行系统发掘。暑期结束后，傅斯年旋聘董作宾为史语所编辑，主持殷墟第一次发掘。从此，董作宾一脚"踏"进了殷商时代，破解着殷商的密码，把获得的邈远信息，源源不断地报告给现代人。

至1937年抗日战争爆发，董作宾一共主持了15次殷墟发掘，收集有字甲骨超过130片及其他大批殷商文物。北京沦陷前，他带着一箱一箱的国宝，转移南京；南京危急，他又带着转移到长沙；长沙危急，他又转移到贵州；贵州危机，他又转移到重庆。不管是在逃亡的火车上，或者是在简陋的临时驻地，白天他像保护自己的生命一样保护着一箱箱的甲骨，晚上就趴在一盏油灯下，凝视着一片片甲骨，揣摩，书写，灵魂飘游到殷商时代，看武丁威仪，与祖乙对话。他最早提出甲骨断代的10个标准，主持了商代帝王世系年谱、殷先王称号、殷帝姓氏、出土物墓葬地段、异域地名、铭文所述人物、铭文语法结构、铭文表意标准、铭文书写形态等重大课题的研究。1931年出版《卜辞中所见之殷历》，1932年发表《甲骨文时代研究例》，1933年出版《甲骨文断代研究例》，1937年出版《殷墟文字甲编》，1943年出版《殷历谱》。在日寇枪炮轰鸣之际，董作宾能埋头学术，一本接一本的出书，实在是一个奇迹，表现出中华民族在文化精神上的沉凝笃定。抗日战争胜利后，蒋介石亲自签发嘉奖令。著名史学家傅斯年说："当世甲骨学之每进一步，即是彦堂之每进一步……彦堂之书出，集文献大小总汇，用新法则厥信史上赠益三百年，孔子叹为文献无证者，经彦堂而有证焉。"著名学者陈寅恪说："抗战八年，学术著作当以《殷历谱》为第一部，决无疑义也……病中匆匆拜读一过，不朽之盛业，唯有合掌赞叹而已。"

1949 年，董作宾因无法割舍甲骨而去了台湾。当轮船鸣笛离岸的时候，他突然产生了要跳下去的感觉。夜里，他站在甲板上。初春的风很凉，把一朵浪花吹到了他脸上。他抬头，看见一钩月亮，斜斜地挂在西天。西去两千里，就是他的家乡南阳，古称宛。此时的月亮，好像就挂在宛城的上边。他怦然心动，发现在月亮的旁边，有几丝洁白的云带，虬曲交叉，很像甲骨上的一个"宛"字。他泪眼模糊了，此去水天万里，可能就是故乡永诀。从此，他记住了那钩月亮，那是家乡的月亮，是宛城的月亮。

董作宾是个乡情很重的人。早在北大上学期间，他在北京买了许多《平民识字课本》，大家都不解。原来他从小上不起学，当过店铺学徒，就交了不少不识字的学徒朋友。暑假里，他把这些书本带回南阳，在解放路办了个平民夜校，招生对象就是全城的店员、学徒，这是南阳近代史上最早的扫盲夜校。后来，他经济上稍有宽裕，又买了许多书籍，带回南阳并办了一个图书馆，免费开放，董作宾亲自当图书管理员和义务讲解员。这也是南阳现代史上第一家图书馆。董作宾老母在家，每年春节他都要回家过年。在整个北关大街，董家的大门口是最热闹的，因为董作宾自拟了许多谜语贴在门口，引得全城的人都来猜。有一年董作宾拟了一个谜面："聂少霞还俗唱戏。谜底：打两样日常用具。"聂少霞是当时南阳北关玄妙观的主持，人还活着呢，竟入了谜语，一时轰动南阳，连庙里的和尚、观里的老道都来猜。可是直到元宵节快过完了，也没一个人猜着。这个春节，让董作宾的这条谜语"灌"得醉醉的，南阳人过得特别兴奋，特别快乐，特别意犹不尽。到了正月十六下午，人们不甘心，便到董作宾家要他揭谜底。董作宾微微笑着，从屋里拿出一个盛盐的瓷罐，端出一个高脚灯台，用手敲敲："猜到了吧？就这个！"人们还是不解。董作宾说："聂主持要还俗了，不是要辞观（瓷罐）吗？他要唱戏，不是要登台（灯台）吗？"众人不禁大笑。

这就是董作宾和他的家乡南阳。

1949年后，董作宾先生先后出版《武王伐纣年月日考》、《西周年历谱》、《殷墟文字乙编》、《中国年历总谱》。史学界把他与罗振玉（雪堂）、王国维（观堂）及郭沫若（鼎堂）合称"甲骨四堂"。他是一个最纯粹的学者，他不问政治，却把中华民族的文明史向前推进了500年。他曾赴美国、日本、韩国、新加坡、菲律宾、马来西亚讲学，是世界级的考古学家。

他忘不掉家乡宛城上面的那钩月，忘不掉那钩月下的宛城。他给儿子董玉京取号曰"宛仁（人）"。

1963年11月23日，先生病逝，享年69岁。

7. 杨廷宝——民国蒋天下，金陵杨半城

20世纪的中国，出了两个伟大的建筑学家，一个是杨廷宝，长期在南京；一个是梁思成，长期在北京，世称南杨北梁。梁思成善著述，主要从事中国古建筑的保护和研究，写了大量学术著作；更重要的是，他的妻子是著名作家林徽因，他们的婚姻成为文坛传奇，久传不衰，所以在一般老百姓中，他的知名度比杨廷宝高得多。杨廷宝主要从事建筑实践，他是世界著名的天才设计大师，他的美学理念不需要用笔来表达，而是用钢筋水泥、砖石巨木来书写。他的作品遍布大江南北，不少成为建筑界的模本，收入世界建筑学教科书中。

1901年8月28日，杨廷宝出生于河南南阳城南赵营村。他的母亲出自南阳城大户米家，能写会画，可惜在杨廷宝出生时因难产过世。生日即母亲忌日，因此杨廷宝终生不庆生日。因是难产儿，没有母乳喂养，杨廷宝自小体弱多病。奶奶带他到寺庙拜佛许愿，剃光头发，寄养在菩萨名下，所以，杨廷宝幼名和尚。

杨廷宝6岁入私塾，读《三字经》、《百家姓》、《千字文》、《论语》、《孟子》。他整日里郁郁寡欢，沉默不言，总爱躲在自己的小屋

里，一遍又一遍地翻看母亲生前的画作，无心读书，把儒家经典读得"一塌糊涂"。私塾先生用戒尺敲敲他的"光瓢"，断言道："杨廷宝，杨廷宝，我看你难成一块宝！"就把他撵出了学校。

父亲杨鹤汀，在北京政法学堂上学时即秘密加入同盟会，回乡后创办南阳女中，是南阳同盟会的领导人，辛亥革命胜利后，任民国南阳知府。他开明放达，并不责怪孩子，而是安慰道："不要灰心。你爱画画就画画，爱写字就写字，爱玩就玩。"杨廷宝没有玩，他把自己关在屋子里，一遍一遍地临摹母亲的遗作。半年后，那位私塾先生见了杨廷宝的画惊异万分，说："哎呀！我看错这孩子啦！"

9岁，杨鹤汀带杨廷宝到南阳上新型小学。第二年，清政府通缉杨鹤汀，杨廷宝改名换姓，到三十里屯一家亲戚家避难。动乱与革命，在杨廷宝幼小的心灵里种下了发愤图强的种子。1912年秋天，仅上了三年小学的杨廷宝，考入河南留美预备学校（今河南大学前身）。1915年，北京清华留美预备学校（清华大学前身）到河南招生，还没毕业的杨廷宝休学报考，名列河南第一名。

走进清华园的杨廷宝，年仅14岁。他是第二个14岁考上清华的学生。第一个14岁考上清华大学的是闻一多。不过闻一多比杨廷宝高了两级，当时已小有名气。杨廷宝入学后连跳两级，最后跳到了闻一多的班里。这样他就成了当时清华历史上年龄最小的大学生：14岁，大学三年级。闻一多非常喜欢这个小学弟。后来他办《清华学报》和《清华周刊》就请杨廷宝设计版面和插图。二人几乎形影不离。

　　杨廷宝在清华学习了6年。期间清华大学正在修建大礼堂、图书馆、科学馆、体育馆……杨廷宝经常徜徉在建筑工地，关注着每座建筑的一砖一瓦，欣赏着每一处雕饰的安装。他被建筑之美吸引住了。1921年秋，他走出清华园，考入美国宾夕法尼亚大学建筑系，师从美国建筑学大师保尔·克芮和美术大师道森。两年半时间，他完成了4年的学业。1924年，25岁的他获得全美建筑系学生设计竞赛艾默生奖一等奖，在美国引起轰动。美国许多报纸刊登他的照片，报道他的事迹。他在美国上学期间共获得5次金质大奖，他设计的作品收进1927年出版的《建筑设计原理》，此书成为欧美国家大学建筑系的教学参考书。许多美国建筑设计公司出重金聘请，杨廷宝一一拒绝。

　　1927年春天，一艘邮轮鸣着汽笛驶进了天津港。一位风尘仆仆的年轻人站在甲板上，船刚泊定，即走下船来。船的晃动，让他打了一个趔趄。他左手提着一个皮箱，右手里的皮箱甩到了悬梯上。

　　他就是杨廷宝，脸上的孩子气似乎还未退尽，但他已是世界各大建筑公司争相追逐的建筑师。他带了两只皮箱，皮箱里装满了他游历欧洲时给各地著名建筑所绘的素描稿。

　　在天津迎接他的，是基泰工程公司经理关颂声。

　　那时，中国几乎所有的重大工程，都由外国公司来承建。中国只有两家公司稍可抗衡：一家叫华盖建筑师事务所；另一家就是基泰工程。

没有纠结的谈判，没有撕破脸皮的讨价还价，杨廷宝加入了天津基泰。

杨廷宝回国后的第一个杰作是京奉铁路辽宁总站。

第二个杰作是张学良少帅府。

之后，杨廷宝主持修复北京古建筑天坛、城东南角楼、国子监辟雍、紫光阁、玉泉山玉峰塔，主持了母校清华大学的整体规划和主体建筑设计。

杨廷宝归国，打破了外国列强对中国建筑业的垄断。

1929 年年底，国民党政府制订了一个《首都计划》，打算大规模改扩建南京。为此还专门成立了首都建设委员会，蒋介石亲自任主任。杨廷宝所在的基泰公司，成为这个计划的主要工程参与者。他先后参与设计了南京中央体育场、南京紫金山天文台、南京中央医院、南京国民党政府外交部办公大楼、南京谭廷阁墓、南京中央研究院地质研究所、南京国立中央大学图书馆扩建工程、南京原国民党中央党史史料陈列馆及中央监察委员会办公楼、南京大华戏院、金陵大学图书馆……近年，南京的建筑爱好者曾经在全市范围内做过一次调查，他们发现，民国时期南京城的老建筑，几乎都和杨廷宝的名字密不可分。他们于是惊叹：看来，旧时金陵杨半城啊！

杨廷宝接手的第一个新中国重要建筑是北京和平宾馆。

为迎接亚洲及太平洋地区和平会议在北京召开，1951 年，周总理亲自点名由杨廷宝设计并建造一座大型宾馆，宾馆的名字就以会议的名字命名——和平宾馆。杨廷宝到选定的馆址实地考察，巧妙构思，精心施工，于1953年和平会议召开前如期竣工。这是一幢一字形平屋顶八层大楼，巧妙地保留了原址上的古树、古井和东侧原清末大学士的四合院，将建筑的功能性与时代性融为一体，体现出技术理性的现代建筑原则，既有西方的现代简约舒适性，又有中国古朴凝重的民族性，成为之后中国公共建筑的典范。

之后，杨廷宝参与主持了北京天安门广场规划、人民英雄纪念碑设计建造、北京十大建筑、北京王府井百货大楼、北京火车站、北京图书馆、南京雨花台烈士纪念馆、南京机场候机楼、南京雨花台红领巾广场……英国出版的《世界建筑史》中载入了杨廷宝主持设计的两堂（人民大会堂、毛主席纪念堂），一馆（和平宾馆），一碑（人民英雄纪念碑），被列为20世纪的建筑经典。

杨廷宝的建筑作品有古有今，或古今结合；有中有西，或中西合璧。他的设计风格稳健、严谨、凝重、精致大方。他治学严谨，不尚空谈，认为一切空谈和好高骛远都是学者大忌。

1952年，杨廷宝出任南京工学院建筑系主任。

1955年，当选中国科学院技术科学部委员。

1959年，任南京工学院副院长。

1979年，任江苏省副省长。

他是第一至五届全国人民代表大会代表，中国建筑学会理事长，国际建筑师学会副主席，曾17次率领代表团出国访问考察和进行学术交流。

1982 年春天，82 岁的杨廷宝携夫人陈法青回到家乡。当时南阳正在筹建医圣祠，先生不顾高龄，到祠内视察，帮助修改方案，并连夜设计出大门与汉阙。8 个月后，1982 年 12 月 23 日，先生因病在南京逝世。他的骨灰安葬在南京中华门外一个幽静的山坳里，遵其遗嘱，在墓碑上刻了 7 个大字：南阳杨廷宝之墓。

而南阳医圣祠门前的一对巍峨的汉阙，成为先生送给家乡的最后遗赠。

8. 丁声树——巨木可参天，风吹树无声

我们上小学和中学的时候，人手一本《新华字典》。走上工作岗位后，《新华字典》就不够用了，于是我们的案头就换了本内容更丰富的《现代汉语词典》。打开《现代汉语词典》，文前部分一面扉页上写着：

著名语言学家、中国科学院哲学社会科学部委员吕叔湘先生和丁声树先生先后主持《现代汉语词典》的编写工作。谨向为编纂这部词典做出卓越贡献的两位先哲致以崇高的敬意。

《现代汉语词典》从 1956 年立项，到 1978 年编成，历经 22 年，其中丁声树任主编 18 年，厥功甚伟！

丁声树，南阳邓州裴营乡大丁村人，号梧梓，生于 1909 年 3 月 3 日，

是当代海内外著名的语言学大师，在汉语音韵学、训诂学、语法学、方言学、辞书学等方面都有卓越的建树，先后主持过《新华字典》、《现代汉语词典》、《现代汉语大词典》、《现代汉语小字典》的编写工作，为新中国的普通话推广，为我国现代语言文字的规范化做出了巨大贡献。

先生自幼勤敏好学，1920年考入邓县乙种商业学校（相当于高级小学），1923年14岁考入南阳省立五中（今南阳一中），17岁时因家庭包办婚姻，离家出走，考入北京大学预科。两年后升入北大中文系，师从学术大师钱玄同和沈兼士。1932年，丁声树北大毕业，号称对学生要求最严格的钱玄同给丁声树的毕业论文打了100分，引起全校轰动。那时北大流行一句话："前有丁声树，后有周祖谟。"这是20世纪30年代北大的两个有名的"状元"。至今在学术文化界还传颂着一个才子佳话：20世纪20年代末，清华大学教授、大学者陈寅恪在清华招生试卷里出了道对对子的题目，上联"孙行者"，请对下联。据说对上的只有两个人，一个是周祖谟，对曰："胡适之。"很机巧；第二个人是丁声树，对曰："祖冲之。""祖"对"孙"，"冲"对"行"，显然比周祖谟的要精当，成为绝对。

23岁的丁声树走出北大校门后，就进了中央研究院历史语言研究所，先后任助理员、编辑员、研究员。进史语所的第三年，1934年，丁声树写出了两万多字的《释否定词"弗"、"不"》。这是两个在古汉语中意思相近，却又用法不同的常用字。究竟有何不同？曲折而微妙，两千多年来训诂学家们都没说清楚。丁声树列举了170多个先秦典籍和有关例句，对二字的异同做了严密而令人信服的论证，得到时任史语所所长、著名史学家傅斯年的高度赞赏。1935年，此文在《庆祝蔡元培先生六十五岁论文集》中刊出，引起学界轰动。当时在学刊发表文章没有稿费，傅斯年却特批200元大洋稿酬给丁声树。社会上都不知道丁声树是何许人，竟有这么大的学问。实际上他只有26岁，是一个沉默寡言、淳朴敦厚，还没有褪尽少年羞涩的年轻人。

26岁的丁声树，一下子成为学术界的楷模。

1936年，丁声树发表《诗经"式"字说》，解决了汉语训诂学中的又一个难题。胡适读后大加赞赏，写信说："从此入手，真是巨眼。佩服佩服！"（丁声树《诗经"式"字说》后附《适之先生来书》）1938年发表《诗经卷耳苤苢"采采"说》，1943年发表《"何当解"》，均见解独到，丰赡严谨。著名文字学家吕叔湘著文称，丁声树写文章"悬格太高，要能颠扑不破才肯拿出来。"美学家季羡林说："他的每一篇文章都是千锤百炼的产品，达到极高的水平。"（《中国语文》1999年第4期）

1935年参加湖南方言调查，1936年参加湖北方言调查，1940年参加云南方言调查，1941年参加四川方言调查……这些都是中国语言文字方面前所未有的开创性工作，不仅需要学识，还得需要体力，既彰显了丁声树先生在学术见解上的精辟独异，也体现了他吃苦耐劳的精神。

由于他的学术成就和精神，1941年，32岁的丁声树破格晋升为专任研究员。"如丁声树先生学贯中西，当时他的著述虽不多，但每篇论文都能发前人所未发，有一鸣惊人之卓见高识，不仅为当时国内外专家学者所赏识，同辈学人也莫不佩服，因而两年之内由助研而连升副研、正研，开中央研究院前所未有的先例，誉满全院，成为青年学者的榜样。"

1944年，丁声树赴美，先后任哈佛大学东方语言部研究员、耶鲁大学研究院语言学部研究员，协助赵元任、杨联昇完成英汉《国语辞典》，其名字载入美国出版的《世界名人传》。

1946年，丁声树与在美国哈佛大学读博士的关淑庄结婚。

1948年，中国大地即将曙光初照，丁声树放弃了在异国的荣誉、地位和优厚的待遇，告别妻子和初生的爱女，毅然回到祖国。

1950年，新中国科学院成立，丁声树成为首批学部委员、语言研究所一级研究员。从此，丁声树开始为新中国的汉语音韵学的研究，为新时代汉语语言的规范化，为中国普通话的推广，埋头苦干，呕心沥血。1952年写出《谈谈语音构造和语音演变的规律》，阐明了汉语音韵学和现代汉语语音学的基本关系，对汉语言学具有深远影响。1953年《语法讲话》在《中国语文》上连载，对新中国语法学的建立有划时代的意义。1956年率领语言所方言组进驻与教育部联办的普通话语音研究班，亲自授课，为新中国普通话的推广培养了第一批人才。1959年起开始新中国辞书的编写工作。他的认真负责到了苛刻的程度。他不允许有一个字贻误子弟,一遍又一遍地通读细审。《新华字典》是叶圣陶、魏建功主持编纂的中国第一部汉语拼音字典,1953年第一版即印行。1962年第三版修订时交由丁声树主持。在对《新华字典》审读时,丁声树先生发现"垓"字条注释云:"垓下,在现在安徽省,项羽死在这个地方。"丁声树顿时正色道:"楚霸王垓下被围,乌江自刎,怎么会死在垓下!错了好几年了!这可是个大错误,大事故!"随即掀椅而起,快步走到资料室去给商务印书馆打电话,颤抖着声音说:"《新华字典》62年修订重排本还在继续重印吗?不要印了,立即停机,立即停机!"他把"项羽死在这个地方"修改为"项羽被围困的地方",然后又打电话过去,斩钉截铁地说:"挖改后才能继续印!已经印好的,贴补后才能发行!"(舒宝璋:《细针密缕惠人间》)

"文化大革命"期间,丁声树正主持《现代汉语词典》的编写工作,被迫中断,1978年《现代汉语词典》正式出版发行。1979年,丁声树又完成了《现代汉语小词典》的定稿,接着就投入《现代汉语大词典》的编辑筹备工作当中,他任主编,成立了编辑委员会,制订了编写方针、计划。同时《现代汉语小词典》清样校对工作也在紧张进行……丁声树一下子病倒了。他真的像一棵大树,倒下后就像塌了一片天,学界一片惋惜声。从此他不得不离开耗费精力又耗费体力的国家辞书编纂事业。

但党和国家没有忘记他,人民没有忘记他。1964年、1978年当选为第三届和第五届全国人大代表；1983 年 4 月，中国社会科学院表彰了他的先进事迹，誉之为"从爱国主义走向共产主义的知识分子的优秀代表"；1984 年当选为第六届全国政协常务委员。

1989 年 3 月 1 日，先生溘然长逝，享年 80 岁。

丁声树是祖国文化事业的大树巨木，就连胡适都称他"丁圣人"。但常人却很少有人知道他。就连他的家乡南阳，许多人知道吕叔湘，却不知道丁声树。因为辞书上著作人署的都是"中国社会科学院语言研究所词典编辑室"，除了讲课稿和调查报告，他的学术著作很少，而学术著作才是一个学者声名远播的最好媒介。丁声树却无意这些，他只知埋头耕耘，辛勤播种，而把收获交给了民族，交给了国家。生前就有不少人劝他，吕叔湘《丁声树同志的学风》一文中就写道："丁声树同志写出来的东西太少了。这不是我一个人的感想，凡是了解声树同志的人都有这个感想。我们也曾经劝他多写点，他总是说：写不出什么，写不出什么。事实不是他写不出什么，而是他悬格太高，要能够颠扑不破才肯拿出来。"

然而，无意立德，其德甚隆；无意立功，其功甚巨；无意立言，其言不朽。天地间，最让人感动的，是丰碑不言，巨树无声。

第六章

醉向诗里读南阳
——历代名人咏南阳

山水孕诗情。南阳是"生长"诗的地方。千百年来，南阳的灵山秀水和人才辈出的神秘，吸引了无数的墨人骚客，他们一到南阳，就不禁诗兴喷薄。"诗经"里的《周南》十篇，基本上都是写南阳风情的。历代文人，如张衡、李白、杜甫、白居易、韩愈、孟浩然、张九龄、杜牧、范仲淹、黄庭坚、元好问……都在南阳留下了美丽的诗篇。当你坐在21世纪白河岸边临水的一棵垂柳下，漫吟这些诗句的时候，诗情画意无形中便将你醉倒了……

1.《诗经》里的南阳爱情

《诗经》是中国历史上第一部诗集，收集了西周初年到春秋中期的诗歌305篇。班固《汉书》："孟春三月，群居者将散，行人振木铎徇于路，以采诗，献之大师，比其音律，以闻天子。"《左传》："故《夏书》曰：道人以木铎徇于路，官师相规，工执艺事以谏。"杜预注："道人，行人之官也；木铎，木舌金铃；徇于路，求歌谣之言。"也就是说，西周时，周天子设有专职官员，整天敲着木梆子，在民间收集歌谣。收集的歌谣当然很多，经过筛选编辑以后，后经孔子再删定就成了现在世界上最伟大的著作之一《诗经》。

《诗经》的第一部分叫《国风》；《国风》的第一章是《周南》。周南，周的南边。西周国都在今陕西，所以学者们一般认为周南是指今陕西南部与河南的交界地区，即今汉江以北的南阳一带。《周南》，就是在周南这一带采集的民歌，一共10首，大部分是描写男女爱情的，充满了南阳一带的民间风情。其中《汉广》，是汉江边一位青年樵夫所唱：他看到一个美丽而高贵的女子乘船在江中游玩，心动不已。但他知道彼此地位悬殊，所爱的人不可得，却又无法忘怀，一次次幻想着倘若得到她将会如何如何。樵人的痴情、敦厚和酸楚，感人肺腑。

全诗三章，每章八句。第一章写道：

南有乔木，不可休息。

汉有游女，不可求思。

汉之广矣，不可泳思！

汉之永矣，不可方思！

意思是，周南有很多高大的树木，我得赶快去砍啊，再苦再累也不能休息。我看见汉水上有一位女子乘船游玩，多么美丽而高贵呀，可是我这个穷小子却无法追求到她。唉！汉水太宽广了，我游不过去啊！汉水太长了，我也找不到可以绕过去的地方啊！

第二章写道：

翘翘错薪，言刈其楚。

之子于归，言秣其马。

汉之广矣，不可泳思！

汉之永矣，不可方思！

意思是，山坡上的杂树丛参差茂盛，我汗流满面地在割呀，割呀。那位美丽的女子要嫁到我家来了，我得赶紧把马儿喂饱去接她呀……你瞎想什么呢？汉水太宽广了，我游不过去啊！汉水太长了，我也找不到可以绕过去的地方啊！

至今，我们好像还能看到这位丹江汉子痴痴地站在江边，望着江中的窈窕淑女渐行渐远，脸上充满了失望，也充满了向往。他很像一位淅川人，勤劳、憨厚、善良而又富于梦想。

2. 《诗经》里的南阳英雄

《诗经》中的《大雅》，大部分是颂扬西周时期的英雄人物和周文王、周武王、周宣王的伟大业绩的。其中一首叫《崧高》，写的是周宣王时，申伯来朝。申伯的封地在南阳，都城在今南阳城北独山脚下。他是周宣王的舅舅，杀了荒淫无能的妹夫周厉王，扶宣王登上王位，所以宣王和天下黎民都很感激他，把他当作扶社稷于将倾的大英雄。这次申伯来朝，周宣王要重重地奖赏他，增加他的封地，并派遣大臣召伯虎为他在淯水南面的谢地重新建造宫室。申伯不负宣王恩宠，荣归封地后，恭俭勤恳，为各诸侯国做出了榜样，为宣王的中兴做出了贡献。西周时期著名的大臣尹吉甫就作了这首诗，歌颂申伯的功绩，记述宣王对其赏赐的详情。全诗八章，每章八句，每句四字。第一章写申伯降生，概括其在朝廷中的股肱作用；第二章写他分封谢地，恭谨守业，成为天下诸侯的表率；第三章写周王派召伯虎为申伯建谢城，派傅御为申伯搬迁；第四章写周王为申伯建宗庙、赏骏马；第五章写周王与申伯临别赠言、赠物；第六章写宣王郊邑设宴与申伯饯别；第七章写申伯回到封地谢城时的盛况；第八章为申伯歌功颂德，并点明写作此诗的作者及目的。作者在诗里把申伯塑造成文武兼备、德高望重、功勋卓著的盖世英雄。申伯被周王分封在南阳，成为南阳的先民。他的英雄业绩，随着《诗经》被世代歌颂，成为一种文化基因，让一代又一代南阳人生长出英雄情结。

现把《崧高》的第一、第二和第七章简译如下：

崧高

崧高维岳， ——巍峨的高山（崧，山高。维，是）

骏极于天。 ——高耸入云（骏，通峻。高大）

维岳降神， ——天神从山上降下来（维，发语词，无实意）

生甫及申。 ——生下了甫和申（甫，仲山甫，周朝大臣）

维申及甫， ——申和甫这两个人啊

维周之翰， ——是周朝的脊檩（翰，通幹，骨干，脊梁）

四国于番， ——国家靠他们作藩庇（番，通藩，屏蔽）

四方于宣。——天下靠他们来护屏（宣，通垣，墙垣，围墙）

亹亹申伯， ——勤勉谦恭的申伯啊（亹亹，音伟，勤勉）

王缵之事。——干的是辅佐周王继承祖业的大事情（缵，

缵续，继承）

于邑于谢， ——周王把他的封邑建在谢地

南国是式。——从此南方的诸侯们就有了榜样学习（式，

模式，榜样）

王命召伯， ——周王命令大臣召伯

定申伯之宅。——选定地方为申伯建筑官室

登是南邦， ——从此这里就是周朝南方的邦国（登，成为）

世执其功。 ——申伯的功劳世世承荫（执，执有）

……

申伯番番， ——申伯带着庞大的车马仪仗（番番，繁盛，轰轰烈烈的样子）

既入于谢。 ——雄气昂扬地进了谢城

徒御啴啴， ——步行的士卒和战车缓缓地行进着（啴啴，音产，缓慢）

周邦咸喜。 ——全城的老百姓都兴高采烈地出来欢迎（咸，都，全部）

戎有良翰， ——国家和军队要有股肱良臣（戎，军队。翰，通幹）

不显申伯。 ——事实充分证明申伯就是一位这样的人（不，同丕，大）

王之元舅， ——他是周王的大舅啊（元，大，开始）

文武是宪。 ——文臣武将都要以他为榜样（宪，律条，榜样）

3. 张衡的乡思——《南都赋》

张衡不但是伟大的科学家，还是伟大的文学家。《后汉书》记载，张衡写有"诗、赋、铭、七言、《灵宪》、《应间》、《七辩》、《巡诰》、

《悬图》凡三十二篇。"其文学成就与班固齐名,史称班张。在这众多的作品中,我们最熟悉的是《南都赋》。张衡的家在南阳城北的石桥镇,古称西鄂。他十几岁就出外游学,成年后大部分时间都在外做官。但家乡的山山水水始终萦绕在梦中,一篇《南都赋》,倾尽了他的思乡情。

在《南都赋》里,张衡把家乡南阳描绘成了天堂,一草一木,一石一鸟,都是那么的亲切,那么的美丽,那么惹人回思。开篇第一句:"于显乐都,既丽且康。"我的家乡南都,是一个名副其实的快乐之都啊,山川秀丽,人民安康!接着描写南都的大方位:"陪京之南,居汉之阳。割周楚之丰壤,跨京豫而为疆,体爽垲以闲敞,纷郁郁其难详。"大气磅礴,霸气十足,充满了帝乡游子对家乡的骄傲与自豪,仿佛是站在云中对天下的一声呐喊。续写南都的具体地理位置:

> 尔其地势,则武阙关其西,桐柏揭其东,流沧浪而为隍,廓方城而为墉。汤谷涌其后,淯水盈其胸。推淮引湍,三方是通。

这是充满感情化的描写。在张衡的心中,家乡是一个充满动感,充满生机的活物,似乎可以相拥和倾诉。他用几个流动的线条把家乡描绘成一幅动画:"武阙关其西",武阙在西峡县与陕西商洛的交界处,属秦岭余脉,"关"是动词;"桐柏揭其东","揭"也是动词。秦岭和桐柏都是会动的,好像是南阳的两条胳臂。"流沧浪而为隍,廓方城而为墉"，"沧浪"指南阳众多的水系。"方城"即近年发现的楚长城所括地域，借指南阳地域内的陆地。"流"和"廊"也是动词，"沧浪"与"方城"也是会动的，仿佛组成了南阳的身躯。"汤谷涌其后，淯水盈其胸。""涌"和"盈"也是动词：汤谷和淯水好像就是充盈涌动在南阳躯体里的血液。"推淮引湝，三方是通"。"推"和"引"也是动词：我的家乡南阳可以顺着淮河与湝河到四面八方去游玩！

张衡是遣字造句的大师，几个动词，就把家乡写活了。当然，首先是"活"在他的心里，然后"活"在纸上，最后"活"在我们的阅读里。

接下来，张衡写了南都的矿产资源：

其宝利珍怪，则金彩玉璞，随珠夜光。铜锡铅锴，赭垩流黄。绿碧紫英，青雘丹粟。

林木资源：

其木则柽松楔楅，樱柏杻橿枫柙栌栎，帝女之桑。楈枒栟榈，棪柘檍檀。结根竦本，垂条蝉媛布绿叶之萋萋，敷华蕊之蓁蓁。

动物资源：

虎豹黄熊游其下，榖玃猱狿戏其巅。鸾鸷鹚翔其上，腾猿飞鼺栖其间。

……

其水虫则有蝾龟鸣蛇，潜龙伏螭。蝃鳝鲵鱏，鼋鼍鲛鳣巨蚌函珠，驳瑕委蛇。

……

其鸟则有鸳鸯鹄鹭，鸿鸨鴽鹅。鸂鸭鸥鹢，鹔鹴鹊鸥嘤嘤和鸣，潗淡随波。

花草：

其草则有藨苧蕿莞，蒋蒲蒹葭。藻茆菱芡，芙蓉含华。从风发荣，斐披芬葩。

……

其香草则有薜荔蕙若，薇芜荪茝。晻暧蓊蔚，含芬吐芳。

蔬菜瓜果：

若其园圃，则有蓼蕺蘘荷，薯蔗姜蟠，菥蓂芋瓜。乃有樱梅山柿，侯桃梨栗。椫枣若留，穰橙邓橘。

……

若其厨膳……春卵夏笋。秋韭冬菁苏荍紫姜，拂彻膻腥。

酒则九酝甘醴，十旬兼清。醪敷径寸，浮蚁若萍。

他好像什么都想说，却怎么也说不完。

什么是家乡？家乡就是家，就是亲人，想不够、看不够、说不够！

当然，《南都赋》是近两千年前的散文，语法习惯有隔阂，我们现在读着很困难，很难懂。但乡思乡愁是一种无法治愈的幸福病，即使再过两千年，读着它，南阳人仍然会有一种沉醉感、自豪感。

4. 诸子唱宛

唐宋是中华民族"诗的时代"，诗人三千，诗七万。而在这些诗人中，重量级的人物几乎都到过南阳。我们似乎还能看见他们伫立在白河岸边的身影，翘着胡须，巾衫临风；还能听见他们抑扬顿挫的长吟，时而啸傲高歌，时而沉醉浅唱。他们把南阳唱成一首诗了。

过张平子墓

骆宾王

西鄂该通理，南阳擅德音。

玉卮浮藻丽，铜浑积思深。

忽怀今日昔，非复昔时今。

日落丰碑暗，风来古木吟。

唯叹穷泉下，终郁羡鱼心。

骆宾王字观光，唐代婺州义乌（今属浙江义乌）人。曾任长安主簿、侍御史之职，后因事被贬为临海县丞。684年，参加徐敬业起兵反对武则天的斗争，为徐敬业写《讨武曌檄》，兵败后不知所终。他是初唐时期的杰出诗人，与王勃、杨炯、卢照邻并称为"初唐四杰"。有《骆临海集》留世。《过张平子墓》是骆宾王过访张衡墓时所作。"西鄂该通理，南阳擅德音"，诗里既表达了作者对张衡的敬慕之情，也表达了对养育张衡的这块热土的敬畏。"日落丰碑暗，风来古木吟"既是景物描写，也是心境描写，更是对"非复昔时今"的感叹。

寻菊花潭主人不遇

孟浩然

行至菊花潭，村西日已斜。

主人登高去，鸡犬空在家。

孟浩然，名浩，字浩然，唐代襄阳（今属湖北襄阳）人，曾在襄阳附近的鹿门山隐居。他的诗善于描写山水田园风光，有《孟浩然集》留世。菊花潭主人，姓名不详，应是隐居在菊花潭边的一位高士。孟浩然

仰其名，羡其潭，自襄阳来访。可惜主人登高去了，只有鸡犬在家，守
着主人的散淡和闲适，让孟浩然好一阵痴迷。题目"菊花潭"，也作"菊
潭"，在今南阳西峡县丹水镇菊花山。《风俗通义》记载，此地人常寿
至百岁，因"常服菊花，轻身益气，令人坚强故也。"

南都行

李白

南都信佳丽，武阙横西关。白水真人居，万商罗鄽圜。

高楼对紫陌，甲第连青山。此地多英豪，邈然不可攀。

陶朱与五羖，名播天壤间。丽华秀玉色，汉女娇朱颜。

清歌遏流云，艳舞有余闲。遨游盛宛洛，冠盖随风还。

走马红阳城，呼鹰白河湾。谁识卧龙客，长吟愁鬓斑。

　　李白，字太白，号青莲居士，唐代伟大诗人。有《李太白集》留世。
开元二十八年（公元740年），李白奉诏由今湖北安陆赴长安任翰林。
这首诗是李白途经南都时所作。南都，即今之南阳。东汉开国后，定都
洛阳。因南阳位于洛阳之南，又是开国皇帝刘秀的故乡，故为南都，又
称陪都、别都。行，为古诗的一种体裁。该诗富丽堂皇，写尽了南阳的
汉唐繁华。"清歌遏流云，艳舞有余闲。"不禁让人联想到了今日遍布
南阳的歌厅；"走马红阳城，呼鹰白河湾。"不禁让人联想到了今日白

河游览区内穿梭的游船和解放广场上空飞舞的风筝……

游南阳白水登石激作

李白

朝涉白水源，暂与人俗疏。

岛屿佳境色，江天涵清虚。

目送去海云，心闲游川鱼。

长歌尽落日，乘月归田庐。

石激又作石矶，旧址在南阳老城东北，今南阳农运会会场附近。古人在三面临水处以石头筑堤，用以抵御水患而护卫城郭，称石矶。《清一统志》记载，当时仍有遗迹。诗人早上去踏寻白河的源头，好像与人世间暂时脱离了一样。近处的岛屿景色绝佳，远处的江天清气茫茫。看云卷云舒，心与游鱼同闲。长歌狂吟，直到夕阳西下。"乘月归田庐"，他好像住在东关外的一个小村子里，绿篱环着草屋，阡陌牵着柴扉，是尚家庄？还是宣家店？

游南阳清泠泉

李白

惜彼落日暮，爱此寒泉清。

西辉逐流水，荡漾游子情。

空歌望云月，曲尽长松声。

清泠泉，又名清泠渊，在南阳东北的丰山。山有峭壁，壁临白河，有石洞，乘船可入。洞中清泠如冬，石笋怪奇，风声如钟，有泉水潺潺流出。张衡《南都赋》："耕父扬光于清泠之渊，游女弄珠于汉皋之曲。"《山海经》："神耕父处之，常游清泠之渊，出入有光。"《南阳县志》："丰山山势峭立，怪石嶙峋，松柏参天，清泠泉边碑碣林立，为南阳旧时一景。"可惜河床东滚，泉枯洞毁，今已无迹。感谢李白，在他不朽的诗中，让我们玩了一回穿越，浏览了遗失千年的风景。

忆崔宗之游南阳感旧

李白

昔在南阳城，唯餐独山蕨。忆与崔宗之，白水弄素月。

时过菊潭上，纵酒无休歇。泛此黄金花，颓然清歌发。

一朝摧玉树，生死殊飘忽。留我孔子琴，琴存人已没。

谁传《广陵散》，但哭邙山骨。泉户何时明，长扫狐兔窟。

此诗又名《忆崔郎中宗之遗吾孔子琴抚之潸然感旧》。崔宗之，名成甫，字宗之。唐代诗人，袭封齐国公，曾任左司郎中侍御史，谪官金陵。

与李白、杜甫以文相知，是杜甫所作的《饮中八仙歌》中"八仙"之一。李白这首诗，是悼念崔宗之之作。一日，他正在弹琴，弹着弹着，忽然想起，这张琴是故友崔宗之送的。他想起了那一年中秋，他和崔宗之一起在南阳的独山上吃蕨菜，在白河里荡舟赏月，在菊潭边喝酒赏菊，在菊花丛里弹琴歌唱……就在他们欢畅沉醉的时候，崔宗之把他的孔子琴赠送给了他。可是，如今崔宗之已逝，琴在人去，知音难觅，"谁传《广陵散》，但哭邙山骨。"李白的琴声一下子低沉呜咽，泪水在琴弦上飞溅……

过南阳

韩愈

南阳郭门外，桑下麦青青。

行子去未已，春鸠鸣不停。

秦商邈既远，湖海浩将经。

孰忍生以戚，吾其寄余龄。

唐宪宗元和十四年（公元 819 年），因谏迎佛骨，韩愈被贬为潮州刺史，出长安，过武关，经商於之地，到南阳。在这之前的一天，他过了菊潭，在邓州住了一晚，写了一首《次邓州界》。潮州在东南边陲，所以韩愈此次遭贬谪，无异于流放。"心讶愁来惟贮火，眼知别后自添花。"

《次邓州界》把他一路上愁火攻心、忧愤花眼的消极悲凉心态记录了下来。但是，两天以后他到了南阳，一下子心情就变了，变得那么轻松欢快，对流放地潮州反而有一种向往与期待。"秦商邈既远"，出秦地，过商於，一路上的愁闷都过去了，"邈既远"了；"湖海浩将经"，即将呈现在面前的，是浩瀚的湖海。"孰忍生以戚"，人生何必要忍受悲戚呢？"吾其寄余龄"，我要把余生寄托在大海上。也许，这昌黎先生望见南阳的西城门后，突然想到了泛舟五湖的范蠡了吧？

内乡村路作

白居易

日下风高野路凉，缓驱疲马暗思乡。

渭村秋物应如此，枣赤梨红稻穗黄。

白居易，字乐天，号香山居士，唐代杰出的现实主义诗人。他与元稹均是唐代新乐府运动的领袖。其诗语言通俗易懂，明白晓畅，留世之作有《白氏长庆集》。唐穆宗长庆二年（公元 822 年），作者由中书舍人转任杭州刺史。自长安赴任途中，因宣武军乱，道路受阻，改走南阳内乡，由襄汉而下。此诗为七月底经过内乡时所作，写看到内乡路边乡下"枣赤梨红稻穗黄"时，突然产生的隐隐的，却又深深的思乡之情：家乡乡下的秋物也是这样的吧？

雨中过农家

杜牧

春半南阳西，柔桑过村坞。

娉娉垂柳风，点点回塘雨。

蓑唱牧牛儿，篱窥茜裙女。

半湿解征衣，主人馈鸡黍。

此诗又名《村行》、《途中作》。杜牧，字牧之，唐代京兆万年（今属陕西西安）人。史称杜甫为"大杜"，杜牧为"小杜"。杜牧又与李商隐齐名，被称为"小李杜"。其著作有《樊川文集》。唐文宗开成四年（公元839年）二月，作者由安徽宣州回长安，赴左补阙、史馆修撰任。他溯长江、汉水而西，到襄阳后转白河北上，目的是想冶游南阳。此诗是他游罢离宛之作。南阳城西十八里岗，武关道路北，有古桑林，传为牛郎织女故乡。张振犁《中原古典神话流变论考》："牛郎叫如意，是南阳城西桑林村人。"这里是南阳到长安的必经之地。因此，杜牧的这首诗应是他过南阳城西桑林村时的所见所感。杜牧肯定也知道牛郎织女的故事，所以一看见桑林，他的灵感就来了。"蓑唱牧牛儿，篱窥茜裙女"，那不就是牛郎和织女吗？恬淡和谐，生活得多幸福啊！

依韵酬太傅张相公见赠

范仲淹

出处曾无致主功，南阳为守地犹雄。

醉醒往日惭渔父，得失今朝圆塞翁。

七里河边归带月，百花洲上啸生风。

卧龙乡曲多贤达，愿预逍遥九老中。

范仲淹，字希文，北宋吴县（今属江苏苏州）人，著名的政治家、文学家。宋仁宗庆历三年（公元1043年）任参知政事，主张推行新政，后遭到保守派势力反对，被罢相位，贬为南阳邓州知州。在邓州期间建百花洲，作《岳阳楼记》。张相公即张士逊，北宋阴城人，曾任太傅，生前被封为邓国公，回封国后，常与范仲淹吟咏酬和。此诗就是范仲淹的酬作，以答谢张士逊的赠诗。诗里说，自己对朝廷没有什么功劳，虽然被贬谪了，但能到南阳这个地方当一名守官，心里很欣慰，"南阳为守地犹雄"。南阳是卧龙之乡，贤达很多，与这些贤达交游，他觉得很快乐。"卧龙乡曲多贤达，愿预逍遥九老中。"

中元夜百花洲作

范仲淹

南阳太守清狂发，未到中秋先赏月。

百花洲里夜忘归，绿梧无声露光滑。

天学碧海吐明珠，寒辉射空星斗疏。

西楼下看人间世，莹然都在青玉壶。

从来酷暑不可避，今夕凉生岂天意。

一笛吹销万里云，主人高歌客大醉。

客醉起舞逐我歌，弗舞弗歌如老何。

此诗选自《明嘉靖南阳府志校注》。中元乃农历七月十五。此诗写诗人中元夜邀客在百花洲赏月乘凉，对酒高歌。但酒酣以后，心底深处的忧伤也流露了出来："客醉起舞逐我歌，弗舞弗歌如老何。"

新渠诗并序

苏轼

庚子正月，予过唐州。太守赵侯始复三陂，疏召渠，招怀远人，散耕于唐。予方为旅人，不得亲执壶浆箪食，以与侯劝逆四方之来者，独为《新渠》诗五章，以告于道路，致侯之意。

新渠之水，其来舒舒。

溢流于野，至于通衢。

渠成如神，民始不知。

问谁为之，邦君赵侯。

新渠之田，在渠左右。

渠来奕奕，如赴如凑。

如云斯积，如屋斯溜。

嗟唐之人，始识秔稌。

新渠之民，自淮及潭。

挈其妇姑，或走而颠。

王命赵侯，宥我新民。

无与王事，以讫七年。

侯谓新民，尔既来止。

其归尔邑，告尔邻里。

良田千万，尔择尔取。

尔耕尔食，遂为尔有。

筑室于唐，孔硕且坚。

生为唐民，饱粥与饘。

死葬于唐，祭有雉豚。

天子有命，我惟尔安。

苏轼，字子瞻，号东坡居士，眉州（今属四川眉山）人，北宋著名文学家。宋仁宗嘉祐五年（公元1060年），苏轼服丧期满，自四川返回汴京，经过南阳唐河时，参观了太守赵侯（赵尚宽）新竣工的水利工程，非常感动，作了此诗。据《宋史》记载："唐素沃壤，经五代乱，田不耕，土旷民稀，赋不足以充役"。王安石《新田诗并序》中说："唐治四县，田之入于草莽者十九，民如寄客，虽简其赋、缓其徭，而不可以必留。尚书比部郎中赵君尚宽之来，问敝于民，而知其故，乃委推官张君恂，以兵士兴大渠之废者一，大陂之废者四，诸小渠陂教民自为者数十。一年，流民作而相告以归；二年，而淮之南、湖之北操囊耜以率其妻子者，其来如雨；三年，而唐之土不可贱取。昔之菽粟者，多化而为秔（水稻）……"苏轼的《新渠诗》用四言，仿《诗经》国风，有苍古感。他是从宛到唐的，中间要路过古谢国，可能不由地就想起了"于邑于谢"，想起了《嵩高》，想起了《诗经》，想起了《周南》，想起了他正行走在周南的土地上，于是，《诗经》的韵律就在他的情思里跳动起来了。他歌咏了在新渠灌溉之下，唐州人民五谷丰登、幸福安康的幸福图景。"生为唐民，饱粥与饘。死葬于唐，祭有雄豚。"真是生死无忧啊！

过百里大夫冢

黄庭坚

客行感时节，况复思古人。

何年一丘土，不见石麒麟。

断碑略可读，大夫身霸秦。

虞公纳垂棘，将军西问津。

安知五羊皮，自鬻千金身。

末世工媒孽，浮言诟道真。

幸逢孟轲赏，不愧微子魂。

　　黄庭坚，字鲁直，自号山谷老人，世称"黄山谷"，北宋洪州分宁（今属江西修水）人。他学诗宗法苏轼，与苏轼齐名，并称"苏黄"。又善书法，为宋代四大书法家之一。宋英宗治平四年（公元1067年），黄庭坚考中进士，任叶县县尉。他非常崇敬百里奚，因叶县离南阳不远，即专程到南阳百里奚墓进行凭吊。历史上百里奚墓规模很大，有许多名人碑刻，有许多雕像。可是黄庭坚到此一看，墓园碑断像残，著名的石麒麟也不见了，只剩下一丘黄土，让人寒心。但百里大夫的功业是毁不掉的，镌刻在人民的心里。作者在诗中回顾了百里奚的勋业以后，对历史上流传的百里奚自卖自身的流言飞语进行了驳斥，称那是"末世媒孽"，是"浮言诟语"。

丰山怀古（节选）

元好问

丰山一何高，古木苍烟重。

开门望吴楚，鸟去天无穷。

连山横巨鳌，白水亘长虹。

川原郁佳气，自古南都雄。

炎精昔季兴，卧龙起隆中。

落落出奇策，言言揭孤忠。

时事有可论，生晚恨不逢。

　　元好问，字裕之，号遗山，金代太原秀容（今属山西忻县）人，金元时期著名的文学家。金宣宗兴定五年（公元 1221 年）进士，官至行尚书省左司员外郎。曾任镇平、山乡、南阳三县县令。该诗作于金哀宗正大三年（公元 1226 年），当时作者正在南阳镇平县令任上。丰山，即李白曾游过的南阳东北的丰山。诗人站在丰山望南阳，南阳的沉郁大气，让诗人胸怀激荡，生出一腔报国壮志。可是一想到自己仅是一个小小的县令，又不禁感叹自己生不逢时，不能像诸葛亮那样一展人生抱负。

　　元好问在南阳任县令期间，多次游丰山，诗作也不此一首。但这首是他写得最投入，也是最长的，共二十三句。这里仅录七句，以飨读者。就歌咏南阳形胜而言，元好问的《丰山怀古》和李白的《南都行》，无疑是写得最好的。

内乡县斋书事

元好问

吏散公庭夜已分，寸心牢落百忧薰。

催科无政塈书考，出粟何人与佐军。

饥鼠绕床如欲语，惊乌啼月不堪闻。

扁舟未得沧浪去，惭愧春陵老使君。

此诗是作者于金哀宗正大四年（公元 1227 年）任南阳内乡县令时所作。宋金之战时，南阳是前线，双方在这里进行了几十年的拉锯战。诗作描写了作者上任后内乡县民不聊生的凄惨景象："饥鼠绕床"，"惊乌啼月"，连老鼠都饿得绕床乱窜，鸟儿都饿得无法夜栖，望月惨叫。人呢？作者没有说人，留一个艺术空间给读者去想象。作为父母官的县令，元好问每日都操劳到深夜，心都要操碎了，"寸心牢落百忧熏"。但他似乎力不从心，收效不大，所以对自己充满了自责——你好没本事啊！还不如学你的先祖元结和杜子美老先生划船去呢！

扳倒井

于谦

汉王中兴非偶然，等闲平地涌清泉。

灵津千古蛟龙蛰，时出人间救旱年。

于谦，字延益，浙江钱塘（今属浙江杭州）人。明成祖永乐十九年（公元 1421 年）进士，官至兵部尚书。其诗"千锤万凿出深山，烈火焚烧若等闲。粉骨碎身浑不怕，要留清白在人间。"家喻户晓。明宣德五年（公元 1430 年），于谦任河南巡抚，轻装骑马，考察民情，除弊兴利，走遍了所管辖的地区。《明嘉靖南阳府志校注》记载：扳倒井"在州（裕州，今方城）东北三十里，世传光武至此，人马渴甚，取饮水。倏然横出，因为名。水极清盛，士人赖其灌溉之利。"名为井，实际是一眼自流的山泉。那是一个很偏僻的山村，于谦到此是来考察水利灌溉的。考察后他很欣喜，就写了这首《扳倒井》，希望像光武帝刘秀那样的"蛟龙"能不时出现，让人间永无旱灾。

第七章

南阳乌纱天大的伞

——南阳官德文化

南阳是官德文化的富集区，其核心是官民关系。

清朝末年，南阳总兵谢宝胜到任后剿灭土匪数百股，老百姓做一把黄罗大伞敲锣打鼓送给他。这伞叫万民伞，是说谢总兵像一把伞一样，保护了南阳千万百姓不受风雨之害。这是一种民间表达方式，形象而婉转，朴素而感人，既是对谢宝胜的感激与褒扬，也是对每一位地方官的期盼，期盼他们像一把伞。召信臣、杜诗、羊续、杜预……他们头上的乌纱确实是一把天大的伞，给老百姓遮风挡雨，消灾避祸，至今让我们动情不已。元好问感叹：为官难，为南阳之官尤难。难在南阳历史上清官太多，标杆太高，常让后继者战战兢兢，惕厉不眠。

1. 一联动天下

2013年11月26日，习近平总书记在菏泽市与地方干部座谈时，给市、县委书记们念了一副对联：

得一官不荣　失一官不辱　勿说一官无用　地方全靠一官

穿百姓之衣　吃百姓之饭　莫道百姓可欺　自己也是百姓

对联以浅显的语言揭示了官民关系，封建时代官吏尚有这样的认识，今天我们共产党人应该比这个境界高得多。

经查，此联是南阳内乡县衙三堂大门上的对联，清康熙年间知县高以永所撰，横批是：清慎勤。

高以永，浙江嘉兴人。清同治《内乡通考》载，康熙十九年（公元1680年），高以永以会魁赴任内乡知县。"时县内地多荒芜，以永下车即问民疾苦……令其广开垦，置农桑，流民四处返回，开地四十余顷。在事数年，温厚、和平为治务，慈祥恺悌之声传闻遐迩。""高以永，广开垦，除匪盗，其有造于内乡者甚大。"

高以永在内乡任职9年，于康熙二十八年（公元1689年）迁直隶省安州知州。离任时，内乡百姓们折道（堵着道路不让走）挽留，甚至有人追送数百里。内乡百姓为高以永立有"德政"、"去思"两通石碑在仪门之前。

高以永至安州两年又迁至户部。官虽做到了中央，但他死后没有留下任何私产，连灵柩也没钱运回家，靠亲戚朋友凑钱才得以归葬。但他给内乡人民留下了9年安居乐业的生活，留下了一副传诵千古的对联。他是这副对联的撰写者，也是这副对联的实践者。对联如同白话，像一位老朋友在与你掏心窝子，但又哲理深刻，像一位慈祥的哲人在与你促膝谈心。他把官看得很重——地方福祉全靠一官；他也把官看得很淡——什么是官？官也是百姓。上联讲勤政，下联讲爱民。虽然也是老生常谈，但高县长由于把身段放得很低，亲切入心，所以，凡是读到这副对联的人，无不动容。

这副对联体现了南阳官德文化的核心。来内乡县衙旅游的外地人也越来越多，不少都是来看这副长联的。

2. 召杜祠里问一声

"父母官"这个词，是南阳人民的创造，很智慧，也很动情。它是南阳人民赠送给召信臣和杜诗的，后来就成了官德文化的核心，成了做官的最高境界。再后来，它成了地方官的代名词，失去了文化意涵，因为许多人不知道召信臣，不知道杜诗，不知道何为父母官。

召信臣，字翁卿，九江郡寿春（今属安徽寿县）人。西汉元帝时任谏议大夫，转任南阳太守。

《汉书》记载："信臣为人勤力有方略，好为民兴利，务在富之。躬劝耕农，出入阡陌，止舍离乡亭，稀有安居时。行视郡中水泉，开通沟渎，起水门提阏凡数十处，以广溉灌，岁岁增加，多至三万顷。民得其利，畜积有余。"召信臣兴修的水利工程中，最著名的是六门堰。六门堰在今邓州城西，在湍河上筑一大坝，聚水成堰，建六个水门，所以叫六门堰。水分六门引出，流经穰县、涅阳、新野三县，沿途形成29处塘陂，地低处可自流灌溉，地高处可从塘中提水灌溉，设计科学实用。此堰一直用到明末方废，今仍有遗迹。召信臣在南阳修建水利工程数十处，史称"召渠"。张衡在其《南都赋》中说："于其陂泽，则有钳卢、玉池、赭阳、东陂，储水于民，亘望无涯。"说的应该都是"召渠"。

特别需要指出的是，召信臣所处时代，正是西汉末年，政坛混乱，贪暴横行，"民多冤结，州郡不理。"很多官员都在自保。而召信臣到任后，却乌纱换作斗笠，官靴变为芒鞋，衙署露于田头，犯酷暑，冒严寒，奔走田间，踏勘水文，规划渠线，协调官民，督工筹款……为了什么？为民啊！两千多年后的我们仔细想一想，也不能不为之感动。

两千多年前的召信臣也知道"两手都要抓、两手都要硬"的道理，一方面"为民兴利，务在富之"，另一方面在社会政治环境的治理上下功夫。《汉书》记载："信臣为民作均水约束，刻石立于田畔，以防分争。禁止嫁娶送终奢靡，务出于俭约。府县吏家子弟好游敖，不以田作为事，辄斥罢之，甚者案其不法，以视好恶。其化大行，郡中莫不耕稼力田，百姓归之，户口增倍，盗贼狱讼衰止。吏民亲爱信臣，号之曰召父。"

召父，这不是对自然人召信臣的称呼，而是对太守召信臣的称呼。一声"召父"，喊不尽天下百姓万语千言。

刘秀称帝后第七年，给家乡南阳派来了一位太守，叫杜诗，河内汲（今属河南卫辉）人。杜诗在南阳干了三件事。一是"诛暴立威"。南阳是光武帝的家乡，又是南都，东汉王朝的许多开国功臣的家及亲朋都在南阳，这些人的子弟大多依仗权势，横行不法，欺压百姓。杜诗上任后，不畏权贵，不计个人得失，严惩了一批不法豪强，黎民扬眉吐气。二是"省爱民役，造作水排"。东汉时，南阳冶铁业发达，是当时中国的铁都。冶铁需要强劲的鼓风设备。那时用巨大的风箱，全靠人力一抽一拉，推动沉重的箱板产生风力。一个风箱需数人一起拉动箱杆，非常费力。杜诗经常到南阳北关冶铁场去巡视，看到鼓风的工人被火烤得又干又瘦，满身汗流，心中很不安，就冥思苦想，发明了水力鼓风机。这是世界上最早的水力鼓风机，把大批的鼓风工人解放了出来。三是"修治陂池，广拓土田"。他参观了召渠，被召信臣的爱民精神感动了。但这些水渠多已毁坏，无法利用。杜诗决心效法前辈，修复召渠。但那时新朝初立，百废待兴，国家没有财力投入。杜诗就把自己的薪俸全部捐了出来。他在南阳当了七年太守，召渠全部修复了。第七年的秋天，因病去世，"诗贫困无田宅，丧无所归。"司隶校尉鲍永把杜诗的情况报告给了光武帝，光武帝"诏使治丧郡邸，赠绢千匹。"旧时官吏亡故后一般都要运回家乡安葬，但杜诗没有，他是"治丧郡邸"，在南阳郡的官邸里办的丧事。他肯定是葬在南阳了，但葬在了哪里，可惜史无记载，我们只能说，贤人坟头在心里。老百姓忘不了他，因为前有召父，所以他们就称他为杜母。于是，召父杜母，父母官，两个千余年的热词，就在南阳人民的热泪中诞生了。

杜预镇守南阳时土地荒芜，人口凋零，召渠已毁弃殆尽。但杜预知道在南阳这块土地上，曾经有一个太守叫召信臣，为百姓修了召渠，百姓呼他为召父。于是他就寻找召渠的遗迹，让士兵先放下兵器，操起农具，修复召渠，并引潓、淯二水，开辟新渠。《晋书·杜预传》记载："又修召信臣遗迹，激用潓、淯诸水，以浸原田万余顷。"南阳人同样感激杜预，呼他为杜父，并把由城东北接官亭进入南阳城内的第一条街命名为杜父街，让来南阳的官员一进南阳，就走进了"召父杜母"的典故里，接受一次执政为民的官德教育。当官员来到察院街，未进府衙，先看到了府衙外面的召杜祠。他不得不进去拜一拜。召父和杜母的双眼，在百姓看来是那么的慈祥和蔼，但在官员看来，却是那么的严厉，一声喝问在他的心头响起：你是父母官吗？

3. 为尔清贫为尔瘦

东汉灵帝中平三年（公元 186 年），初春的黄风把南阳盆地刮成一团混沌，像天地初开。迷蒙里，迎着扑脸的风沙，走来一个中年人，葛巾布衣，挎一个带补丁的行囊。他步履匆匆。他有时蹲在田头，与几个农夫拉家常，问收成；有时坐在酒肆里，听官场流语、街边新闻；有时就斜倚在县衙门口，看轿马进进出出，听人写状问冤。

南阳郡丞很着急，一再向上级催问，我们的新太守什么时候上任啊？上级说，他已经去上任半年了，怎么，还没到啊？

那个葛巾布衣，在料峭春风里奔走着的人，就是新上任的南阳太守，名叫羊续，泰山平阳（今属山东邹城）人。《后汉书》记载："中平三年，江夏兵赵慈反叛，杀南阳太守秦颉，攻没六县，拜续为南阳太守。当入郡界，乃羸服间行，侍童子一人，观历县邑，采问风谣，然后乃进。其令长贪絜，吏民良猾，悉逆知其状，郡内惊竦，莫不震慑。"羊太守上任真是别开生面，既没有老班子车马送行，也没有新班子成员到百里外去迎接；既没有开张扬官威的见面会，也没有听自吹自擂的逐级汇报。他就背着一个破行囊，悄无声息地把南阳的政风民情、官员的贪猾优长，弄了个清清楚楚。

羊续有点猥琐吗？可不！他是山东大汉，身材魁梧，声动若雷，在大将军窦武手下当过府掾，又在庐江荡平了黄巾军，在安凤消灭了另一股叛军的头领戴风，到南阳后又斩杀了不可一世的赵慈。他可以叱咤万军之中。但现在，他来到了南阳，他是南阳太守，他是南阳的父母官；父母官就要以民为子，在百姓面前收起刀光剑影，捧出父慈母爱，前有召杜，不敢懈怠。

《后汉书》里没有羊续补修召渠的记载，只记了他的勤政与清廉。

第二件事就是著名的典故"羊续悬鱼"。《后汉书》记载："时权豪之家多尚奢丽，续深疾之，常敝衣薄食，车马羸败。府丞尝献其生鱼，续受而悬于庭；丞后又进之，续乃出前所悬者以杜其意。"府丞很不好意思，从此就再也不敢给羊续小恩小惠了。这是一种很策略、很坚决，又很真心的拒贿方法。第三件事是拒妻随衙：妻子和儿子羊秘一起从老家来南阳。那时在外做官，交通不便，回一次家不容易，所以一般都要带家属。妻子带着儿子来也是这个意思。《后汉书》记载："续妻后与子秘俱往郡舍，续闭门不内妻。（妻）自将秘行，（见）其资藏惟有布衾、敝袛裯、盐、麦数斛而已。（续）顾敕秘曰：吾自奉若此，何以资尔母乎？使与母俱归。"

羊续的工资是不低的。那么，羊续为什么还会这样穷呢？"其资藏惟有布衾、敝袛裯、盐、麦数斛而已。"屋里只有粗布被子、两件打补丁的短袖布衫、半罐盐和数斛麦子而已。是不是他也像杜诗一样，把自己的薪俸捐出来修复召渠和救济穷苦百姓了？

羊续政绩卓著，灵帝欲调他到中央，任三公之职，但当时社会风气太坏，升官的人要靠向负责组织考核的人大量行贿才行。羊续没钱，他请考核的人坐在席子上，拿出一件破棉袄说："臣之所资，唯斯而已。"结果，调任三公之事便没有了后续。

但当上三公的人，有谁会记得他们呢？而羊续却在人们的心里代代传颂，"羊续悬鱼"、"悬鱼太守"，经典在中华文化的永恒里。

羊续从洛阳又回到了南阳。一路上雪花飘飘。他当了将近四年南阳郡守，比领兵打仗还要累。在一个下午，他挂杖出衙，在白河岸边站了很久，之后回到衙署三堂配房里，躺倒在官榻上，再也没有起来。

那年，他48岁。

天啬其年！

"遗言薄敛，不受赙遗，"羊续生前对下属极其严厉，郡丞焦俭不敢违其遗言，连皇帝送来的葬仪也拒绝收受，唯扶柩痛哭。

4. 南阳府衙楹联中的官德文化

从公元前272年秦昭襄王在南阳设郡，到1912年清朝最后一任知府下台，二千余年间，南阳有名可查的知府（郡守）共248名。他们中的优秀的为官理念，变作楹联贴遍了府衙所有的门框。因此，南阳的府衙博物馆，实际是一处南阳官德文化博物馆。这些虽历尽沧桑依然闪耀着新时期执政理念中的光辉，不乏"得一官不荣，失一官不辱"那样的绝对。读一读吧，你会感动的。

大门明间抱柱联：

看阶前草绿苔青　无非生意

听墙外鹃啼鸦噪　恐有冤民

"生意"即生机，宋人张栻："便觉眼前生意满，东风吹水绿参差。"一般都是指花草树木的长势。此联的"生意"无修饰词，中性，就是指生长着的植物。上联是说，站在府衙的台阶上，看着阶下草绿苔青，赏心悦目，但那无非是花草啊。下联是说，我耳里仔细听着的，是墙外面的鹃啼鸦噪，害怕那是百姓喊冤的声音。

大门明间中柱联：

春雨无私　进衙先拜清风二字

青筠有节　出府再留一身正气

这副对联采用拟物化的手法把人比作春雨，比作青竹，把人的清廉之风比作自然界的清风，意象很美。是说，官员要像春雨一样，无私无偏，滋润大地，养育万民，所以进衙的时候，要先想到清廉二字，就像春雨要拜清风。而出衙呢，要像青竹有节一样，保持一身正气与节操。

仪门西便门明间前檐柱联：

但愿民安若堵

何妨署冷如冰

旧时地方主官亲涉刑讼，许多官员以此施威施暴，徇私索贿，所以他们乐意衙门如市。

此联表现一位清官应有的爱民情怀。堵，就是墙。这副对联是说，只愿百姓生活安定得像一堵墙壁一样坚实，社会和谐，无争无讼，那么，即使衙门里整日清冷得像冰窟一样，那又何妨呢？

大堂卷棚明间前檐柱联：

　　为政戒贪　贪利贪　贪名亦贪　勿骛声华忘政事
　　养廉唯俭　俭己俭　俭人非俭　还从宽大保廉隅

为政者要清廉，清廉就要戒贪，戒贪就要尚俭。古人云，公生德，俭养廉。此联对贪俭二字进行了深刻独到的解读，在人们不以为然处击了一掌，令人警醒。上联是说，当官的要戒贪，什么是贪呢？贪取钱财是贪，贪图名声也是贪，所以，不要只顾追求声名而忘了执政为民的宗旨。下联是说，养廉只能靠作风简朴。什么是简朴？对自己简朴叫简朴，对他人简朴那就不叫简朴了，因此，在待人上一定要宽容，以保持方正廉洁的个性。"骛"，指过度追求。"廉隅"，隅是角落、棱角的意思，引申为特点、个性。"廉隅"指廉洁的个性。

大堂卷棚明间后金柱联：

　　我与民为主　实与民为仆　任差使亦任呼来　轻暖肥甘

借尔衣我食我　我过不妨告我　我贪不妨参我　慎勿畏我谤我　是背我不能知我

　　人因显作官　亦因显作孽　有阴阳必有报应　喜忧怒乐都能福人伤人　人前惯会骄人　人后惯会陷人　焉非羞人怪人　以大人而做小人

　　这副长联朴实无华，情真意切。上联是说，"我"向百姓表个态度：我虽然是个当官的，其实是百姓的仆人，可以任凭你们差使，也可听凭你们呼来唤去。我穿得很阔绰很暖和，吃得很香甜很丰盛，但衣是你们给的，食也是你们给的，所以，我有过错了你们尽管去告我，我为官贪了你们不妨去朝廷参劾我，千万不要因为害怕我而只敢在背后悄悄议论我，那样就是不了解我，而违背了我的本心了。下联是讲"我"为什么要这样做的道理：为什么要这样呢？因为人凭借地位显赫而做官，也能凭借地位显赫而作孽，作孽多了一定会遭天地报应。一官权重势大，一喜一怒既可给人带来福，也可给人带来祸。那些在人前惯于作威作福，在人后又惯于罗织陷害的官员，实在是以大人的身份去做小人的勾当，让人感到羞耻。

大堂卷棚次间后金柱联：

眼前百姓即儿孙　莫言百姓可欺　当留下儿孙地步

堂上一官称父母　漫说一官易做　还尽些父母恩情

此联是对父母官的进一步诠释，撰者动的是真情，很有感染力。上联是从"儿孙"这个角度说的：你面前的老百姓既然都是你的儿孙，那你就不要以为他们可欺，把他们逼到绝路，而应当给儿孙留下回旋的余地。下联是从"父母"这个角度说的：你坐在大堂上，号称父母官，那你就别说什么这官好当了，既然是父母，那对儿孙们就要有父母之恩，做些为他们谋福祉的事情。

大堂卷棚明间后金柱联：

莫寻仇　莫负气　莫听教唆　到此地费心　费事　费钱　就胜人　终累己

要酌理　要揆情　要度时事　做这官不清　不勤　不慎　易作孽　难欺天

上联是说给老百姓听的：千万不要跟人寻仇结怨，使性赌气，也不要听他人教唆；到衙门里来打官司，那可是又费心、又费事、又费钱，就是官司打赢了，自己最后也累垮了。下联是说给审案的官员听的：审理案子的时候，一定要斟酌好法理，揣摩透人情，弄清楚事情的来龙去脉，秉公办案；你若是在这里做官不清，审案不勤，胡乱判决，作孽很容易，但上天不好欺，会遭报应的。

大堂明间后金柱联：

府外四时春　和风甘雨

案头三尺法　烈日严霜

此联可作两解。一是指一位好官在亲民与执法上应持的态度：在府衙外面，对待老百姓要亲切和蔼，像春天的和风、甘雨；可是在大堂上审理案子的时候，一定要严格依法办事，就像烈日、严霜。二是指一个好的社会环境与严格执法的关系：社会为什么会这样安定和谐、如沐春风呢？因为国家执法严格。这里强调的还是官民关系，所以第二种解释并不符合撰联者的本意。

二堂明间后金柱联：

召父劝农　杜母兴工　南阳自古多循吏

弹琴悬镜　爱莲对月　赤子从来盼好官

此联用了"召父杜母"的典故，以说明南阳自古爱民如父母的好官就多。循吏，即奉法循理的良吏，司马迁《史记》专门设了《循吏列传》。

下联列举了另一类公正廉明、品德高洁的好官，这些好官都是老百姓所盼望的。"弹琴"是由典故"鸣琴而治"化来。《吕氏春秋》："宓子贱治单父，弹鸣琴，身不下堂。"是说治理老百姓的方法温和宽松。"悬镜"是从"明镜高悬"化来，比喻官员处理诉讼案件时能像镜子一样明察秋毫。"爱莲对月"，莲意清廉，月意高洁，南阳府衙有爱莲堂、对月轩，以供官员政余休憩自勉。"赤子"，原指婴儿。孔颖达认为："子生赤色，故言赤子。"后喻人纯真赤诚，常用指人民。

内宅门明间前檐柱联：

不要百姓半文钱　原非易事

但问一官两千石　所造何功

这是专为知府撰写的一副官联。不收受老百姓半文钱，这要求可能太苛刻了；但要问一问，你身为知府，官俸两千石，你为老百姓都做了哪些功德呢？这话问得太直接，一般知府接受不了，所以都不愿在自己官衙门口挂此副对联。除非心无愧意的知府，才敢日日面对这样的诘问。

内宅门次间前檐柱联：

不食民一饭　不爱民一钱　乃汉羊续为太守

先天下而忧　后天下而乐　是宋范公作秀才

抬出两个清官作对联，就好像在衙门口一边竖了一个门神。右边的门神叫羊续，前文已作介绍。左边的门神叫范仲淹，大文学家，不介绍人们也都知道。他的"先天下之忧而忧，后天下之乐而乐"是《岳阳楼记》中的名句，也是南阳官德文化中的经典，因为《岳阳楼记》是在南阳邓州写的，这经典生长在南阳的土地上。

工房门联：

> 宽一分　民受益不止一分
> 取一文　我为人不值一文

此联取自清代江南第一清官张伯行的《禁止馈送檄》："一丝一粒我之名节，一厘一毫民之脂膏。宽一分民受赐不止一分，取一文我为人不值一文。谁云交际之常，廉耻实伤；倘非不义之财，此物何来？"那时的衙署工房，主管城建、道路、水利、房建、仓储，集现在的城建局、公路建设局、水利局、粮食局、房管局于一身，是官员贪腐重灾区。此联不说教，不上纲上线，不讲大道理，而是从人格说起，从做人的底线说起，语重心长，很有说服力。

幕院东厢房联：

> 爱一粒分外钱　远及子孙近报身
> 做半点亏心事　幽有神鬼明有天

佛家有因果报应，道家强调举头三尺有神明。这种宗教信仰约束，有时比法律和道德还管用。此联就利用了佛道的这两条信仰，对防腐反贪很有震慑力。

西花厅西厢房前檐柱联：

官名父母须慈爱

家有儿孙望久长

这是一副宽对，并不工整，但平白浅近，从天伦切入，很有说服力。既然做了父母官了，就要有父母的慈爱心肠，就像家里有儿孙要多行做善事，盼望他们平安健康一样。

东花厅东厢房前檐柱联：

与百姓有缘才来此地

期寸心无愧不鄙斯民

能来到这里做官，是因为与这里的百姓有缘分，所以要想求得内心无愧，就不能瞧不起这里的百姓。这副联没说爱民，也没说清廉，也没说为民父母，而是完全以一种平等的心态来看待百姓。既然是彼此有缘，那就要互尊互爱，和谐圆融，不能因为自己是官就高人一等，看不起百姓。这里表现的是比"父母官"更先进的平民意识，甚至可说是民主意识。

第八章

皈向宗教觅信仰

——南阳宗教文化

　　《国语》、《左传》中有很多多神崇拜的记载。冯友兰在对两者的引经据典后总结："屡言百神，可知神之众"（《中国哲学史》）。但神与宗教是两个概念，神是为人类降福代免祸灾的，属于实用主义。宗教是一种精神信仰，属于心灵的追求。然而在汉代以前，中国没有宗教，只有神的崇拜。到了汉代，印度的佛教传入中国，才有了宗教，人们才皈向宗教觅信仰。

1. 南阳宗教的起源

　　南阳宗教的源起，与中国的宗教源起基本是同步发展的。这与南阳当时繁荣的政治、经济有着密切的关系。

关于佛教传入中国的时间，有多个说法，一说源于春秋，一说源于汉代明帝永平十年（公元67年），一说源于汉代哀帝建平元年（公元前6年）。无论哪一种说法，但对于南阳而言，在东汉末年就已经有了佛寺。有史料记载，位于南阳的豫山寺建于公元189年，距今有一千八百多年的历史。还有说佛教传入南阳始于东晋永昌年间。理由是明嘉靖《南阳府志》记载："弥陀寺在城东延曦门外（今南阳市一高中院内），晋永昌三年创建"，即公元324年。当然这一说法是站不住脚的，他把到南北朝时期，南阳佛教盛行，佛寺建设异常活跃作为南阳佛教新兴的依据，显然是不科学的。南北朝时，不仅南阳佛教盛行，全国都是佛教盛行，这与当时的政治有关。杜牧在《江南春》一诗中曾说"南朝四百八十寺，多少楼台烟雨中"，诗中说的是仅江南就这么多寺，可想全国有多少。南北朝时，南阳域内佛教寺院二十多处。比较有名的佛寺有：北朝北魏太和初年，今淅川县内兴建的龙巢寺；西魏大统三年（公元537年），今镇平中兴寺（后改为灵泉寺），裕州（今方城县）小史店出现的摩崖造像等。隋代佛教发展更快，仁寿四年（公元604年）和大业十三年（公元617年），今淅川县内的法相寺（后更名兴化寺）、南阳鄂城寺塔先后兴建，其建造规格、规模都大于以往。到了唐朝，南阳的佛寺得到了空前发展，一大批名寺相继建成。如淅川的香严寺，镇平的菩提寺、中兴寺，南阳的龙兴寺，南召的丹霞寺，桐柏的云禅寺等都是这个时期修建的。据现有资料统计，到了唐代，南阳已建佛寺四十五处，南阳的名山秀水多有佛寺。

考察佛教传入中国而又快速发展的原因，首先在于它的教旨：超越轮回，帮助众生解脱。南阳人是向善的，重视自身修持和自身修养的提高，因此当佛教的教义传到南阳后，迎合了百姓的人生价值取向，自然也就很快被接纳吸取，而变成他们精神追求的向标，使佛教在南阳得到快速的传播。

道教是中国土生土长的，有着广泛的群众基础。老子在《道德经》里认为，天地万物都是由"道"派生出来的，"道生一，一生二，二生三，三生万物"，社会人生都应法"道"而行，最后回归自然。老子从"天"、"地"、"人"、"鬼"四个方面阐释教义。天，既指现实的宇宙，又指神仙所居之所。地，既指现实的地球和万物，又指鬼魂受难的地狱。其运行受之于地道。人，是指整个人类，也指个体的人。人的一言一行当奉行人道、人德。鬼，指人的最后归宿。人能修善德，既可超脱，脱离苦海。神仙是道教教义思想的偶像体现。道教是一种多神教，这就是为什么在中国神仙众多的原因，如火神、土地爷、河神、山神、风神、玉皇大帝、阎王爷等。它包含了日月、星辰、河海、山岳以及祖先亡灵等，形成了一个包括天神、地祇和人鬼的复杂神灵系统。南阳的道教起于东汉武帝时期，差不多与佛教同时兴起。据传，武帝妹妹因感情的原因，在裕州（今属方城县）建炼真宫一座，这是道教在南阳活动的滥觞。该县三贤山庙、黄石山仙翁观，南召县九分垛祖师庙和皇后铁牛庙，南阳老君堂等，均建于东汉时期。到了明代，具有一定规模的道教道观总数超过110座，数量之多，实属少见。

在南阳除了有佛教、道教，此后又传进了伊斯兰教、天主教和基督教。伊斯兰教是宋末元初随着蒙古人进入中原而进入南阳的。天主教是在明崇祯十七年(公元1644年)由法国传教士安恩利格首次传到南阳的，后在南阳西郊靳岗建立天主教堂，传播天主教教义，始有天主教活动。到道光二十四年（公元1844年），以靳岗教堂为"总堂府"的河南天主教区正式成立，辖管河南天主教会。天主教活动区域主要分布在唐河、邓州、镇平、卧龙、宛城、南召等地；基督教传入南阳，是第一次鸦片战争失败，《南京条约》等一系列不平等条约签约后，于1860年前后传入的。基督教进入南阳后，十分活跃，活动遍及今南阳全境，在南阳具有一定的影响。

2. 香严寺——与皇帝有关的寺院

在南阳的佛教寺院中，香严寺是一座具有传奇色彩的寺院。据说在唐代女皇武则天执政时期，有一年连续六个月大旱，庄稼绝收。为防百姓动乱，武则天诏告天下：谁能解除旱情，封万户侯，赏银万两。皇榜贴出数日，竟无人敢揭。一天，一和尚来见武则天，自称能解除旱情。他既不跪拜，也不呼万岁，条件是要求武则天亲自为其洗脚，并兑现封侯赏银的诺言。和尚如此放肆，令武则天大为恼火，只是"君无戏言"，武则天只好依从。

武则天命内侍端来水盆，亲自用小毛刷为和尚洗脚，没料到和尚果不食言。武则天为和尚洗得慢，雨就下得小，洗得快，雨就下得大。武则天洗了三个时辰，大雨下了三个时辰。

天降大雨，武则天照榜封赏，和尚这才道出缘由："我本是香岩童子，为救百姓私降大雨，触犯天条，不求赏赐只求一死。我死后请将我绑到白象鼻上，让白象随意拖去，最后它卧倒哪里不动，那儿就是我的安身之地。"话说完，果然死去。

武则天按其嘱咐将他交与白象。白象有一天来到淅川南部深山，卧倒在这一山清水秀之地，于是人们在这里埋葬了香岩和尚，并建一寺院，名为"香岩寺"。"岩"、"严"同音，后人说成了"香严寺"。

关于香严寺的出名还有一段故事，唐武宗继位，凶暴多恨，诛兄杀弟，其弟李忱早已看破武帝阴谋，远遁淅川香严寺剃发为僧，期间武宗曾派人追杀到香严寺，李忱在危机之时，钻进一山洞，逃过此劫，在此修行七年，到公元846年，时机成熟，回朝当了皇帝。香严寺也由此声名大震。还有传说，藏经楼内有一块10平方米的灵气宝地，俗称"消灾宝地"。这块方地无论怎样挖掘，都自动升平，并略高于地面。相传，李忱在香严寺避难时，有一天夜里，突然听到"盗寇劫驾"的呼叫声，他急忙翻身下床，从后门出逃，由于慌不择路，他掉进了这块深谷，盗寇闻声追来时，只见这里浓雾弥漫，遮住了视线，众僧赶到时，盗寇惊恐，四散溃逃。太监在这块深谷里找到了李忱，正想下去扶救时，这块地忽然托着李忱徐徐升起和地面相平，众人惊喜万分，一齐跪贺，蒙宝地灵气的庇护，才得以平安。李忱当即烧香拜佛，后来封此地为"灵气宝地"。从此，凡来寺院烧香拜佛和游览观光的人，都要到宝地上驻足，闭目祈祷，此事一直传说至今。

当然这只是民间传说。而香严寺真正的建寺起因是开元二年（公元714年），一位俗名为冉虎茵，法名为释慧忠的诸暨僧人，云游至白崖山党子谷（今香严寺所在地），在此结庐，开辟道场，潜修四十余年。因其修持专一，佛名远扬，天宝十四年（公元755年）唐玄宗在慧忠的"戒行精专，佛法造诣高超，堪称一代大师"的感召下，下诏书将慧忠接到长安龙兴寺，但安史之乱爆发后，慧忠又回到这里。

上元二年（公元761年）正月十六，内给事孙朝进带着唐肃宗的诏书，到白崖山将慧忠再次迎进长安。大历二年（公元767年），唐代宗恩准慧忠在白崖山党子谷建寺，大历八年（公元773年）敕赐"长寿寺"（香严寺前身），奉该寺为国家设置，赐给大量长生田，御赐佛经一套及"永镇山川"匾额，敕赐长寿寺度无名僧49人。大历十年（公元775年），慧忠在长安圆寂，在白崖山清风岭建无缝宝塔归葬，入塔时因"异香百里，经月不散"，而更名为香严寺。开成五年（公元840年），光王李忱为免遭颖王李炎的迫害，潜至香严寺。会昌二年（公元842年）和会昌三年（公元843年），唐武宗派人两次围攻香严寺。会昌六年（公元846年）唐武宗驾崩，大臣到香严寺迎李忱回长安登位，大中元年（公元847年）于香严寺整建望月亭，后人改为宣宗殿。

也许是因为香严寺与皇家有了这层关系，本来是为了"证悟解脱"的佛教修持之地，却又多了一份"助国富民"的责任。这就是镌刻在香严寺韦驮殿的一副对联："志在春秋尼山而后一夫子，明光日月佛国之中大圣人"，东窗楣题"宏法利生"，西窗楣上题"助国富民"。无疑这副对联和窗楣上的字的含义与别的佛寺是有着明显的不同的，在别的寺院所见的对联都是劝世人如何看破红尘，如何觉醒，如何持佛修行，而这里说的是要学儒、效儒，助国为民。也是由于这个原因，香严寺成了与洛阳白马寺、嵩山少林寺、开封大相国寺齐名的中原四大名寺之一。

香严寺原分上寺、下寺。1968年，下寺淹没于丹江口水库中，现在人们看到的香严寺就是原来的上寺，至今已有一千多年的历史。

3. 中兴寺——北魏、西魏文化的见证

中兴寺在南阳的佛教史上有着举足轻重的地位。它坐落在河南省镇平县杨营镇贾庄村，俗名叫登禅寺。据南阳志记载，中兴寺始建于公元386年，至今已有1600多年历史。寺内的亭台、楼阁、古坊、古碑、佛塔、古井、汉画像石、唐代壁画等都是文物珍品。鼎盛时期，建筑

面积近千亩。僧众两千余人，有千亩登禅寺之说，被称为南阳"释源祖庭"。

考据中兴寺建筑规模浩大的原因，与魏文帝有着密切的关系。史载，魏文帝曾带领文武群臣到中兴寺设禅，为国民祈福，中兴寺也因此而又名之为"登禅寺"。据《高僧传》记载："帝远敕令迎请蜀僧，道汪为中兴寺寺主，敕中兴寺僧，道温为京城寺主，孝武帝也曾整肃中兴寺。"

中兴寺院内的西魏造像碑（三通），雕刻于大统五年（公元539年），碑高1.82米，宽0.82米，圭首刻佛龛造像，佛龛内以深浮刻雕一佛、二弟子、二菩萨和四飞天，释迦佛结跏趺坐于中间方座上，衣着复褶垂于座前；弟子身着双领下垂式袈裟，侍立于佛后两侧，菩萨跣足立于佛前两侧裙，头戴花冠，宝缯顺肩下垂，帔帛覆于双肩，胸佩璎珞，下身着垂地长裙，手持拂尘、莲花，佛后上方刻有四个飞天，左、右分别上下两层。造像构图严谨，刀法洗练，线条疏朗，雕技精湛，所雕人物栩栩如生。飞天极具动感，保留了北魏时期的艺术风格，下刻记述了西魏镇远将军步兵校尉前河北太守镇古城大都智固城县开国男白实（字双城）的生平事迹，涉及南阳、顺阳、新野三郡太守、县令、刺史、别驾、校尉、将军、丞尉等文武官员62人，为该寺捐施田地物资的实际情况。碑文笔法魏碑特征浓郁，是雕刻艺术中的珍品。寺内另外两块是曹植作品的碑文，新中国成立后移交南阳文化博馆保存。这块石碑为研究西魏的行政、军事、建制、管辖区域提供了宝贵的实物资料。其中的地名和官职，多未见于《魏书》和《北史》的记载，可补史料之不足，具有较高的历史价值。

碑文笔体结构严谨，笔力强劲，笔意婉润遒美，字取横势，方笔曲线，隶意尚存。千百年来，文人墨客，前来拓摹、欣赏玩味者络绎不绝，留下了千古绝言佳句林立寺内。1951年中央人民政府专门下文："保护好中兴寺文物珍品（造像碑）"。1956年、1963年、1982年分别公布：该遗址为河南省重点文物保护单位。释源传魏文帝及丞相宇文泰都好佛，帝敕令道臻住中兴寺，大立科条，以兴佛法，使南阳地区佛文化得到进一步发展。帝有敕令南阳郡府、各县重镇宏大佛法，兴建寺院45处。

碑文记载，隋唐时佛法兴盛。帝敕中兴寺重修，由众所周知的门神——敬德，监工修建。贞观十年（公元636年）太宗皇帝与群臣于中兴设斋，有一沙门容貌独秀，举众莫识，问之答言："从天安来"，禅杖往地上一扎，言讫不见，所扎之处呈现菊花古井一口，井内菊花烁光香气满天，井水取于桶内、碗内呈现菊花一朵，是中兴寺一大奇观。井水饮之，香味异常。在清末民初时，不知所因，古井已封。现乃保存在寺内，实属罕见。太宗皇帝赞奇井诗一首："千佛示现香满天，禅寺奇井灵迹显。似莲像菊清凉泉，化育万千国民安。"立碑于菊花井边。

4. 云朝寺——母仪天下而成寺

云朝寺的建寺历史在南阳的佛教史上稍晚。但因为它的前身地位显赫，虽然"辈分"不高，却在南阳的佛教寺院中享有很高的地位。

有史记载，云朝寺始源于汉代的薄姬祠。在汉代，宛城东南的薄氏家族属于远近闻名的望族。这种闻名不是因为别的，而是因为薄氏家族为汉代著名的"文景之治"贡献了一位非凡的女性。她就是汉高祖刘邦之姬、汉文帝刘恒之母、汉景帝刘启之祖母的薄姬。她辅佐文景二帝，开创了"文景之治"的辉煌历史。薄姬未入宫之前，曾在鲁桑园（现云朝寺西北）植桑养蚕，教人耕织，乐善好施，恩泽乡里，世人称之为鲁义姑，深受百姓爱戴。公元前155年，薄姬去世，百姓闻其辞世，感其恩德，遂建薄姬祠堂，把她尊为神灵，供奉纪念。直到1349年，元惠宗才改祠建寺，正式归入佛门。因为奠基时，天气炎热，忽有祥云飘至，遮日成荫，神奇万分，故寺竣工后，名为"云朝寺"。

明成化八年（公元1472年），宪宗察知该寺年久失修，又知该寺有明心鉴性之德、修真养命之源的释门高僧禅、安二公和生质耿介，天性慈仁，通达经文，胸藏五和六德之策的原、奈二僧（禅、安高徒），特赐"万岁牌"和土地五百亩，拨款，命封邑南阳的唐府国主（宪王琼炟）遴选工匠，再次扩修重建。明嘉靖四十五年（公元1566年），寺住持僧欲意重修，独力难成，各地士庶英贤，善信男女，同道高流，各施资材，重修一新。现存嘉靖四十五年古唐训家生李璋撰文，高达 5 米的赑屃雕龙巨碑，记载了本次修缮和云朝寺的历史。

云朝寺几经兴废，特别是乾隆时期 [如乾隆十九年（公元 1754 年）、三十九年（公元 1774 年）、四十四年（公元 1779 年）] 多次拨款新建殿宇，使其规模更加宏大。五进寺院，文武僧众上百人。每逢佛会，方圆百里商贾香客云集，拜佛香客多达数十万众。上至达官贵人，下至普通百姓，乃至文人墨客等都到此顶礼膜拜。洪武年间，朱元璋第二十二子朱楧封邑南阳，多次携家人门客到寺进香，寺内碑文记载了朱楧进寺朝拜的盛况。

这种由祠变寺的佛院在佛教史上是不多见的，而薄姬祠能因此而跨入佛界，也是佛门对薄姬贤能的认可和敬仰。

5. 龙兴寺——昔日辉煌今不在

在全国叫龙兴寺的佛寺很多，至于为何有这么多的佛寺都叫龙兴寺，说法不一。有说是苍龙降生在这个地方，后人在此建起佛寺，而名为龙兴寺；有说是唐玄宗好佛，在他当了皇帝后，天下的佛寺都改名为龙兴寺；有说是明朝皇帝朱元璋成事前曾在今安徽的皇觉寺修持过，他当皇帝后，为了表彰佛寺对他的佑护，把天下的佛寺更名为龙兴寺。其实这些说法都是站不住脚的，既然这么多佛寺都叫龙兴寺，那么为什么还有很多不叫龙兴寺的呢？个中原因恐怕不是如此简单。

南阳的龙兴寺建于唐玄宗开元年间，位于宛城区黄台岗镇禹王店村。历史上的龙兴寺十分宏伟庄严，寺内苍松翠柏，亭台楼阁，碑幢林立。殿堂为五层宫殿式建筑，有山门、天王殿、大雄宝殿、毗庐殿、后殿。两侧对称，有观音殿、地藏殿及廊房、斋堂、月门等。各个建筑错落有致，碧瓦鳞次，巨楹林错。佛像高大庄严，气宇非凡。整个建筑规模恢宏典雅，令人叹为观止，属中原地区的古刹名寺，体现了中国佛教禅宗顿悟派发祥地的特色。龙兴寺鼎盛时期，有僧尼二百余人，随着历史的变迁，历经战乱，特别是日寇侵华期间寺院遭受严重破坏，佛事逐渐衰落，僧尼流离失所，寺院文化不兴，唯有一年一度的二月二庙会延续至今。

南阳的龙兴寺在中国佛教史上有着特殊的地位。禅宗是中国佛教主要的宗派之一，为菩提达摩创立。相传达摩传一领袈裟以为法信，授予惠可，惠可传僧璨，僧璨传道信，道信传弘忍，弘忍传惠能，六代相承，连绵不绝。惠能门下五大宗匠，青原行思，南岳怀让，永嘉玄觉及慧忠、神会。慧忠、神会皆出自南阳龙兴寺。史载，开元八年（公元720年），唐玄宗因为钦仰慧忠禅师之风，将他迎请入京，并敕任南阳龙兴寺住持。天宝十四年（公元755年）安史之乱后，慧忠禅师离开龙兴寺。慧忠禅师在南阳龙兴寺弘法35年，人称南阳慧忠。

神会是中国佛教禅宗的旗帜性人物。"神会是南宗的第七祖，是南宗北伐的总司令，是新禅学的建立者，是《坛经》的作者。在中国佛教史上，没有第二人比得上他的功勋之大，影响之深"(《胡适论禅宗》)。

神会"遇师于晚景，闻道于中年"，"居曹溪数载，后遍寻名迹。开元八年，敕配住南阳龙兴寺，续于洛阳大行禅法，声彩发挥"(《宋僧传》)。开元八年，神会已五十三岁，始住南阳龙兴寺。《神会语录》第一卷中记有南阳太守王弼及内乡县令张万颂、大诗人王维向其问法的事，王维称"南阳郡有好大德，有佛法甚不可思议。"其时，北宗的代表人物神秀是"二京法王，三帝门师"，在以京城为中心的广大区域，势力无与伦比。但神会无所畏惧，"我自料简是非，定其宗旨。我今谓弘扬大乘，建立正法，令一切众生知闻，岂惜身命"。以"批龙鳞，履虎尾"的勇气向北宗挑战。最为著名的是唐开元二十二年(公元734年)正月十五日，神会在滑台(今属河南滑县)大云寺设无遮大会，兼庄严道场，与北宗公开辩法，"为天下学道者定宗旨，为天下学道者辨是非"，滑台辩法后，北宗渐衰，而南宗新盛，南宗逐渐成为禅宗正宗。唐玄宗天宝四年(公元745年)，兵部侍郎宋鼎邀住南阳，龙兴寺僧神会到洛阳入住荷泽寺。德宗贞元十二年(公元796年)，敕皇太子集诸禅师楷定禅门宗旨，搜求传法傍正，遂有敕下，立荷泽大师为七祖。神会禅师在南阳龙兴寺弘法25年。在这25年间，禅宗七祖神会禅师以龙兴寺为基地，几度北上，通过与北禅辩法，使南阳龙兴寺在佛教史上声名远播。

佛教禅宗(顿悟派)的振兴与南阳"龙兴寺"有着密不可分的渊源。公元663年至公元780年，在神会禅师与淅川香严寺慧忠禅师以及惠能四世法孙南召丹霞寺的创始人天然禅师等人相继倡导下，南宗逐渐成为禅宗的主导流派，并弘盛于晚唐及五代，至宋、元、明、清，成为在我国流传最久，势力最大，影响最广的佛教宗派。

神会等的禅宗思想，重在净化心灵，升华人格，构建身心与社会、自然的和谐关系，在今天仍然有着它的积极意义。

6. 菩提寺——光武帝栽下的菩提树

南阳西北部丛山里有一座佛寺，它就是蜚声中原的菩提寺。

菩提寺建于唐高宗永徽年间，由菩提禅师朱智勤主持营建。传说早在王莽新朝时期，刘秀在安固城（今镇平县城郊乡王庄村南）被王莽追杀，逃至杏花山，山上怪石兴妖挡道，刘秀无奈徒步行走，翻越九曲八弯的盘道岭，于山崖前歇息时，其坐骑白马托梦"栽下菩提树，汉室定再兴"。刘秀随即在左有龙山，右有虎山，前有朱崖，后有玄武之地的山崖前栽了一棵菩提树。直到六百多年后的唐高宗永徽年间，有一位叫朱智勤的佛僧云游到此，听当地乡人说山中有一棵刘秀栽的菩提树，至今已有六百多年历史，朱智勤十分惊奇，就到山中探寻，果见一棵数丈高、枝披十余米的菩提树矗立眼前，当即决定在此建寺修持，不再云游。此后朱智勤又在院内栽了两棵菩提树。现在人们在菩提寺看到的三棵菩提树，最大的那株菩提树，就是当年刘秀所栽，至今已两千多岁了，却依然葳蕤丰茂。

　　菩提寺建寺一千多年，代有兴废。清康熙时，襄樊僧俗在此披荆斩棘，扩建佛寺，寺内的殿宇楼阁增至四重院落。中轴线上的主要建筑有二佛殿、大雄宝殿、法堂和藏经楼。两侧有钟楼、鼓楼、大客堂、大斋堂、仓房、禅房等。寺内珍藏的《贝叶经》、缅甸佛像及吴道子画，具有较高的历史和艺术价值。平放于殿前的钢石碑，石击则犹如钟，融雪石则着雪即化，被奉为寺院之宝。

　　菩提寺蜚声中原的原因是多方面的，除前面传说的刘秀栽种的菩提树外，还有它的建筑、碑刻、古树等。

　　首先是它的建筑。菩提寺的钟楼是其具有标志性的建筑之一。钟鼓楼建于明初，高 8.3 米，共二层，平面呈正方形，为四柱四角攒尖顶灰色筒瓦屋顶，屋脊上施龙、虎等动物，正中施六层宝瓶。二层无墙，柱间设木栏杆，四周檐下施三重斗拱，楼内悬挂一大钟，高 1.45 米，口径 1.07 米，铁铸，呈喇叭状，盘龙钮，波浪形口，为八块浇铸，上部口部满饰铭文，下部饰花卉、乳钉图案。钟楼与鼓楼分列菩提寺山门两侧，相互对应，构成"暮鼓晨钟"的独特景观。

　　其次是菩提寺的碑刻，菩提寺现存碑刻 12 通，主要记述寺史、历代名人游览留诗和当时的政府文告。现存碑刻包括明代 3 通，清代 6 通，民国 3 通，时间最早为明成化十二年。碑刻大小不一，形态迥异，碑体最高达 3 米，最低者 0.58 米，多为青灰色大理石质，周围饰卷云、双龙、双虎图案。其中，菩提寺重修记碑，高2.07米，额高0.5米，宽0.84米，厚0.22米，青石质，立于龟座之上，半圆额，两边饰双龙图案，具有较高的历史价值，得到郭沫若同志的高度评价。刻于民国二十年（公元1931年）的"登镇平杏花山宿菩提寺有序碑"，长1.37米，高0.93米，厚0.14米，青石质，为大城梁建章于民国十九年（公元1930年）夜宿菩提寺时所作的一篇序文，由民国宛西自治派代表人物彭禹廷书丹，碑体敲之如钟鸣，在不同部分有宫、商、角、徵、羽五音，故又称"五音石"、"钟石碑"。

其三是菩提寺里的菩提树，属落叶乔木。菩提寺森林公园内共有四株，其中一株树皮呈黑色，枝叶稀疏，树干胸围直径达3.86米，树高19.3米，冠幅18.2平方米。其余三株略细，但都参天直耸，绿荫蔽日。菩提树花呈白色，果实圆润如珠，人称"佛珠"。现在人们看到的最大的那棵菩提树，就是当年刘秀所栽。与菩提树为伴的是寺前的三棵银杏树，一雄二雌，栽于唐高宗永徽年间，古朴沧桑，虬枝横生。虽然树龄很高，但两棵雌树每年仍可结果二百余千克。银杏是雌雄异株植物，生长缓慢，各地大多为零星分布，像菩提寺银杏，雌雄三株，同生千年，长势旺盛，实为罕见。

菩提寺众多的奇物异珍，吸引了八方香客，每到佛节盛会，各地佛僧云会，朝拜数十日不散。方圆百里居士更是云集于此，叩拜不绝，成为豫西南一大盛景。

7. 玄妙观——《道德经》的启悟

对于南阳道教文化的起源，基本的观点都是起于东汉。但从具体的事件中可以看出，其时间还要早些。如有传说，新莽地皇三年（公元22年），为反抗新莽统治，汉宗室刘縯、刘秀在南阳起兵，拔湖阳，占棘阳，乘胜进取宛城，在城南的小长安与莽将梁丘赐相遇，双方发生激战，杀得难解难分。忽然天降大雾，罩住两军。莽军多系骑兵，汉军大都徒步，莽军铁骑乘机向汉军冲击，汉军大败。刘秀被莽军追赶，难以脱身。正在危急关头，只见一头青牛向他奔来，刘秀急忙翻身骑上，随牛所向奋蹄疾驰，逃至老君堂。刘秀歇息片刻，出来回看青牛时，不禁目呆惊愕，发现青牛原是一头泥牛，汗水津津，垂头呆立，遍体鳞伤。刘秀恍然大悟，原来是老君策使青牛拯救自己。后人为记其事，便在老君堂处立石碑一通，上刻"泥牛古迹"4个大字，并详尽叙述"汉光武夜战失骑，老君堂泥牛助战"一事。自此，老君堂大名始显，香火日盛。这就说明，在公元22年就有老君堂，这至少可以佐证老君堂建在西汉或更早。老君堂者，乃今日玄妙观之前身也。元朝至元年间，老君堂由道人进行改造，重新定名玄妙观，"玄妙"之名取自老子《道德经》中"玄之又玄，众妙之门"之语。到了明代，玄妙观又有所发展。明洪武四年（公元1371年），道人李云庵对玄妙观进行扩建；明正统年间，藩封在南阳的唐宪王对玄妙观进行重修，并亲题观额，使庙宇初具规模。明嘉靖、万历年间，又屡有增修，南阳玄妙观逐渐成为豫西南著名的道教中心。

清康熙年间，为避清圣祖玄烨讳，改玄妙观为元妙观。乾隆、咸丰年间屡有增葺，使玄妙观达到了鼎盛时期。当时殿宇宏伟壮观，道人众多，香客、游人络绎不绝，一派兴旺景象。到晚清时，南阳玄妙观成为与北京白云观、济南长春观、西安八仙庵齐名的著名道教宫观，为全国道教四大丛林之一。

玄妙观鼎盛时期的主要建筑，自无梁殿至山门、四神殿、三清殿、玉皇殿、祖师殿，构成5进院落。左右附设文昌殿、关圣殿、太公殿、吕祖殿、十方堂等殿堂17座，全院拥有殿堂房舍310间，造像75尊。因受到清廷的青睐，颁赐颇多。清雍正八年（公元1730年）颁赐内宫斗姥雕像一座及"慈云法雨"匾额一面；同治六年（公元1867年）颁赐全部《道藏经》一套；光绪三十二年（公元1906年），颁赐"惠浃中州"、"全真广学"匾额，使玄妙观声威大震。为供奉斗姥雕像，玄妙观在祖师殿基础上新建了斗姥阁，阁势巍峨，高出城垣，十数里外即可望见，可惜已焚于兵燹。藏经阁是专门存放《道藏经》的地方，于清廷颁赐《道藏经》第二年建成，其高度仅次于斗姥阁。藏经阁分上下两层，为悬山式建筑，阁下前面起房坡，坡檐伸出两侧山墙外并挑起翼角，檐下是斗拱七攒，十分壮观。阁中原存《道藏经》一部，共512函，5485卷，后遗失273卷。经卷现存于南阳市图书馆，1957年，经国家文物局鉴定，确认该书为国家稀有珍品。

由于南阳玄妙观声名远扬，加之明清时期南阳府管理道观的道纪司设在玄妙观，不少道人远道而来，加入玄妙观。还有一些观庙为了借光沾誉，也纷纷申请成为玄妙观的下院，如独山的祖师庙、博望的三元官、城西的武侯祠、城东的医圣祠等，都为玄妙观的属庙。南阳武侯祠是为纪念三国时期伟大的政治家、军事家诸葛亮躬耕南阳而建的，南阳医圣祠是为了纪念东汉伟大的医学家、中医鼻祖张仲景所建的，是张仲景的陵墓所在地。

清朝末年，南阳玄妙观开始衰微。日军侵犯南阳时，对玄妙观多次轰炸，使之遭受重大损失。无梁殿、"惠浃中州"牌楼、斗姥阁等多处殿舍均毁于战火。后经修复，而今成为宛城区党政机关办公所在地。

8. 五垛山——南阳的"武当山"

把位于南召县的五垛山说成是南阳的"武当山"一点也不过分。

历史记载，五垛山上的庙观是由唐初的著名道士吴筠创建的，称"吴筠观"。

道教和佛教一样，有多个教派，仅南阳的道教就有清静派、华山派、龙门派、随山派和南无派等。其中龙门派人数最多，南阳的玄妙观、武侯祠、医圣祠、南召县五垛山的北顶等都属于龙门派。据传兴起于明朝的武当山的武当派创始人张三丰曾在五垛山北顶的吴筠观修炼多年，后为弘道修炼，移至武当山创立武当派。

五垛山地处伏牛山腹地，山高林密，易于遁门修行避难。民间传说，在明朝"靖难之变"中，建文帝朱允炆曾到此避难。在避难的时候，朝廷多次派人探找，因真武大帝显灵相助，才使朱允炆免了杀身之祸，在朱棣登基后，即下诏特封真武为"北极镇天真武玄天上帝"，并大规模地修建五垛山的宫观庙宇。

进入五垛山北顶庙观的玄武门，映入眼帘的是一座高6米，深5米，建筑面积约70平方米，可容纳香客100余人的双层斗拱歇山式大殿，殿眉上方，悬挂着"北顶祖师庙"5个镏金大字，门联为"心似白云常自在，意如流水任东西"，令人回味，发人深省。进入殿中央，是一尊高2米，体宽1米的彩塑祖师像，左供玉皇大帝，右供财神，每座造像都细致入微，栩栩如生。殿内地面用青砖铺就，砖面布满了凸凹不平的坑痕，这是顶礼祭拜者双膝跪地，年久日深磨下的印痕。

明清以来，中原及湖、广、闽、浙一带的不少善男信女，不远千里，长途跋涉，前来朝拜祖始，而今朝拜五垛山北顶已经成为中原和江汉地区的一项重要典祀活动。每至农历三月三，真武大帝的生日，数以万计的香客，沐浴更衣，自四面八方而来，上香许愿，持续数日，蔚为壮观。

道教是中国的本土宗教，它具有很大的包容性，因此国人崇拜的诸方神仙也云集到这里开起了"神会"，五垛山的北顶不仅有真武大殿，还有玉皇殿、药王殿、文昌殿、财神殿等建筑，规模宏大，蔚为壮观。

药王殿又名千金阁，殿内除供奉药王孙思邈外，还供奉着神农、扁鹊、华佗、张仲景、李时珍等历代名医，在中原庙观中独树一帜。

佛教、道教作为南阳宗教的主体教种，对南阳的文化产生了极其深远的历史影响，为南阳的文化发展打下了深深的宗教烙印，留下了很多宝贵的艺术珍品，这些在过去的历史中影响了南阳一代又一代的人民，在今后还将成为人们心灵里的一种寄托，影响着人们的精神世界，为南阳文化的发展继续发挥着它们的艺术魅力。

第九章

遍地弦歌唱古今

——南阳的戏曲文化

南阳是闻名全国的曲艺之乡、戏曲大市。南阳戏曲文化有着丰厚的文化内涵和广泛的社会影响。她历史悠久，源起可上溯到春秋时期。她流布广泛，得益于四通八达的水陆交通；她声腔优雅，出自情真意切的乡土乡音；她高抬教化，缘自演绎人心的善恶忠奸。旧时代，南阳人百分之九十以上都是文盲，但他们却无不熟知历史，对一些历史典故和人物如数家珍，讲起来绘声绘色。这些知识从哪里来？不是从书本，而是在弦歌声里听来的。因此，戏曲和曲艺，是南阳人文化传承的重要工具。

1. 古腔古韵古戏楼

还将旧事重新演

聊借俳优作古人

幻即是真　世态人情描写得淋漓尽致

今亦犹昔　新闻旧事扮演来毫发无差

这是南阳社旗县山陕会馆古戏楼上的两副对联,非常形象地概括出了传统戏曲的精髓内涵。传统戏曲艺术集文学、音乐、美术、舞蹈于一身,是世界上综合化最高,构成要素最为复杂的古老戏剧样式,表现时空更替、神人交融,使舞台成为一幅三维的、流动的画卷。

南阳是戏曲之乡,不仅上演的剧种、剧目多,而且从事演出的艺人也多。这里不仅有本地产生的曲剧、宛梆、越调剧种,而且还有外来的秦腔、京剧、川剧、花鼓戏、清戏、安庆戏,汉剧、豫剧等。清代中期以后,活跃在南阳民间的戏剧种类不下 20 种。古戏楼众多也是南阳戏剧文化繁荣的最好证明。南阳的古戏楼,民间习称戏台,多随庙宇而建,是民间祭祖、酬神、闹社火的演出场地。元朝时候,今内乡县王店乡显圣庙即建古戏楼 1 座。清朝末年,南阳的各种戏楼、戏场超过 600 座,仅南阳城区就有 23 座,镇平县有 58 座,内乡县更达 68 座。比较著名的戏楼有社旗山陕会馆悬鉴楼、内乡王店乡显圣庙村的显圣戏楼、镇平城隍庙戏楼等。

最值得一提的是社旗庄王庙,它在南阳,乃至河南戏曲史上都拥有重要地位。清顺治十八年(公元 1661 年),此庙由罗戏班社筹资兴建的,是一座供奉戏神的庙宇。正殿内供有戏神后唐庄宗李存勖的金身塑像。同时又是皮影和木偶戏扎班的住所。昆曲或高腔（清戏）、越调、花鼓扎班在东廊房内；二簧、梆子、梁山调扎班在西廊房内。这种扎班排列的顺序，既说明了清代在南阳域内活动的剧种情况，又体现了各剧种之间在历史上的影响、地位和师承关系。历史上的社旗，曾是南达湖广，北抵秦晋，舟车相通，商贾云集的名镇。南来北往的各种戏曲班社常在庄王庙扎班，有时有20余个。每年农历四月二十三庄王爷生日那天，豫西南二三百里内的戏曲班社，都由掌班为首，带领班社内的名角，备上各类供品，云集到庄王庙里祭祖朝圣，同时还要在庙里竞技献演。这就为各剧种、各班社之间提供了互相学习、交流技艺的机会。因此，社旗庄王庙兴建后，在长达三百年的时间里，自然成为南阳戏曲班社活动、交流的中心。这种情形，在全国也是少见的。

南阳地方戏剧，可追溯到楚汉时期的舞乐百戏，这从发掘出来的大量汉画像石可以佐证。当时的雅颂角抵之风兴盛。《盐铁论》这样记述："夫家人有客，尚有倡优奇变之乐。而况县官乎？"帝王将相、贵族富豪更是"扬干戚、昭雅、颂以风之"；"角抵诸戏，炫耀之物陈夸之"。紧邻两汉都城长安和洛阳的南阳，正在当时国内交通枢纽上，既有"车舟秦楚，襟带南国"之便，又有"南都"、"帝乡"之利。《后汉书》描述了今南阳当时的景象："倡讴伎乐，列乎深堂……罗钟磬，舞郑女，作倡优，狗马驰逐。"每逢"暮春之禊，元巳之辰……一齐僮唱兮列赵女，坐南歌兮起郑舞……"（张衡：《南都赋》）。雅颂倡优之风在"帝乡"如此盛行，作为戏曲雏形的舞乐百戏，在南阳得到了空前的发展。

楚汉时，南阳舞乐百戏不仅盛行，而且种类很多，包括鼓舞、长袖舞、宴乐、杂技、武术和具有故事性的角抵戏等。张衡在《西京赋》里记述的项目有"角抵"、"乌获扛鼎"、"冲狭燕濯"、"跳丸剑"、"走索"、"都卢寻撞"、"戏豹舞罴"、"白虎鼓瑟"、"苍龙吹篪"、"吞刀吐火"、"易貌变形"等。南阳汉画像石中，廷宴之上，宾主于一边正襟危坐，优人在一边做精彩表演；舞伎广舒长袖，"踏盘"、"蹴鞠"，折腰旋转，翩翩欲飞；男伎"赤身"、"倒立"，滑稽逗趣，或"独角"、"假面"、"斗牛"、"戏虎"，角抵献技。建鼓、鼓、铙、钟、埙、竽、排箫、瑟、筑、小锣、笙等打击乐器和管弦乐器混合组成乐队的也很多。鼓作为必备乐器，在画面上占据着显要位置。"蹑节鼓陈"主要用于节奏的控制，这种乐队的组成和伴奏形式，一直延续并影响到当今舞台上的戏曲音乐。

到了汉代，南阳流行的角抵戏，不仅是单纯的竞技表演或者力量的角逐，还表现了简单的故事情节，如蚩尤与黄帝搏斗的"蚩尤戏"，勇士与猛虎较量的"东海黄公戏"。从艺术表演形式上看，许多百戏画像中的"猛虎"、"牛形"、"兕狮"、"熊罴"以及代表蚩尤的独角兽等，多为伎人扮演。"驱豹戏罴"的"象人"多戴面具。这与流行在荆楚的傩舞、傩戏和后来唐代的"代面"自然相联，同时直接影响到以后戏曲中人物的脸谱化装。这些足以表明汉代南阳的舞乐百戏，已逐步综合了歌唱、舞蹈、多种乐器的混合伴奏、化装、服饰、道具、虚拟动作、故事内容、简单的台词等诸多因素，正向着"以歌舞演故事"的方向演进。

隋唐时期，南阳戏剧更为繁荣。1958年在邓县张村出土的南北朝时期的画像砖显示，隋唐时期的乐器增添了筚篥、串铃、腰鼓、笛、曲径管等；伎乐载歌载舞的表演形式也出现了。那时的歌与舞已经浑然一体。北魏孝昌元年（公元525年），今社旗饶良镇修建了能容纳千余人的古戏场，说明当时已有了固定的演出场所。

隋开皇十八年（公元598年），屯兵于南阳桥头镇的韩擒虎，在他的家乡修建了韩营古戏场，随军所带的百戏常在此演出。唐代，今南阳相继出现了不少古戏楼、舞楼、乐楼建筑，经调查发现有：唐武则天天授初年兴建的南阳金华火烧庙戏楼，唐肃宗至德二年（公元757年）兴建的社旗李店玉仙庙戏楼，唐昭宗光化初年兴建的南阳县塚头东戏楼，公元902年兴建的南阳英庄龙兴寺戏楼等。这从一个侧面反映出当时南阳戏曲活动已相当普遍。

到了宋代，在汴京的瓦市勾栏里，常有皮影戏和傀儡戏的演出。同时，由唐代的"变文"演变而来的"鼓子词"，也发展成为供士大夫们夜间娱乐消遣的一种新的艺术形式而盛行起来。这种艺术形式对南阳戏曲的发展起了很大作用。为阻止金兵南下，名将岳飞率部驻扎桐柏，后又驻军襄、邓。盛行于汴凉的皮影戏也随军带到南阳，称为"均容直"，南阳人叫作"东京调"，之后便流传于民间。到清代康熙年间，仅桐柏一县就有皮影 120 多担。傀儡，俗称木偶，传入南阳后，广泛流传的有提线木偶和肘偶两种。

元代是杂剧盛行的时代，兴建于元代的内乡王店显圣庙戏楼，证明由宋到元南阳的戏曲活动并未间断过。

清代以来，越调、南阳梆子和二簧成为今南阳影响广泛的三大剧种；皮影和木偶仍然保持着旺盛的生命力。清戏、花鼓、京梆（河北梆子）、豫剧等外地剧种相继传入。土生土长的越调，经过宋明两朝，到清代中后期，已发展成为深受南阳人民喜爱的成熟大剧种。南阳梆子是明末李自成起义军把陕西同州梆子作为军戏带到南阳后，吸收了南阳的民歌小曲、村坊歌谣和方言俗语演变而成的。清道光、咸丰年间，湖北汉剧四大支流的襄河派沿唐河、白河、丹江三水北上，传到南阳后称为二簧，辛亥革命前后，便发展成为和越调、南阳梆子相鼎立的三大剧种。

这一时期，以越调、南阳梆子、二簧为主的各种戏曲班社将近170 个。其中越调 30 个，南阳梆子 16 个，二簧 60 多个，锣卷、花鼓、皮影、越调木偶、京梆（河北梆子）等 40 个。南阳二簧和越调班社的演出活动，遍及开封、郑州、洛阳、周口、许昌、信阳、漯河，湖北的武汉、荆州、襄阳、郧阳，陕西的西安、商洛、安康、汉中，甚至到了青海、甘肃。因此，那时南阳戏剧的影响仅次于京剧，而不亚于豫剧、花鼓戏、评剧。

2. 南阳宛梆——远古的回声

宛梆，早期称为"西调"、"南阳调"、"乱弹"、"老梆子"等。它是明末清初陕西同州梆子传入南阳后，结合南阳民歌小调、乡音俚语，嵌入了南阳文化基因后，逐渐演化而成的一个独特的戏曲品种。它基本上保持着河南梆子的早期精华和原始音乐形态，因在南阳逐渐流行，其班社和演员、伴奏员都产生于南阳，故后期大都叫它"南阳梆子"。南阳人俗称豫剧为梆子，为了与其区别，1959年，南阳行署将南阳梆子正式定名为"宛梆"。它至今已有将近400年的历史，目前，仅存内乡县一个专业剧团，被文化部命名为"天下第一团"。

宛梆的兴盛时期是清道光年间至民国三十年前后，各县民间的春祈秋报、婚丧嫁娶，多唱宛梆，其流行程度极为普及。南阳人生性豪放，旷野里常常此一声彼一声，飙的都是梆子腔。有民谣："扛起锄头上南岗，一路飙着梆子腔。""呕吼一声美三年，桃黍（高粱）棵里喊乱弹。"班社更是分布广泛，遍及南阳各县。影响较大的班社有南阳城关的白音堂班、十八里岗班、府门外班、高庙李庄班、石桥黄碧班、社旗泥河班，宛属各县南阳梆子班社数十个。

南阳梆子在清朝初期，就以南阳为中心，活动于宛属十三县的城镇山乡，进而东至淮北沙河两岸，西至陕西商洛，南至湖北襄樊，北至灵宝等地。冯继汉的《豫剧源流初探》中指出："道、咸以前，豫南淮北的沙河两岸，普遍流行着南阳梆子。"

清末民初，随着豫剧、曲剧的逐渐兴起，南阳梆子流行的地区慢慢缩小，活动范围只剩南阳及周边地区了。到民国二十七年（公元1938年），宛梆班社相继而散，艺人们有的改唱他戏，有的弃艺务农，各谋生路。至此，这个曾在历史上风靡一时的南阳梆子，已走向绝境。

宛梆的演出剧目多数是历史题材，上至商、周时代，下至明、清各代均有大量的传统剧目，也有"水浒"、"西厢"、"红楼梦"。从体裁上看，有单本戏，也有连本戏，如《头冀州》、《二冀州》、《杀姐姬》、《反武关》等；还有传统的老十八本、中十八本、小十八本；另外还有很多折子戏，如《撕裹脚》、《钉缸》、《对朵罗》等四百多出。新中国成立后，宛梆又发展了大量的现代戏，如《春风吹到诺敏河》、《志愿军的未婚妻》、《三只鸡》、《海滨激战》、《三院禁约碑》、《大山之子》等。宛梆的剧目特色，从剧目样式上，以正剧、悲剧为多，以反映宫廷、征战、公案故事的功架戏为主。

因为演的都是历史大题材，人物众多，场面宏大，所以群众习称宛梆为"大戏"。宛梆唱腔音乐属板腔体，由慢板、流水板、二八板、散板四大类组成。另有一些杂调、曲牌用于特定的剧目和特定的情景。宛梆的演唱分本腔与假腔。假腔又称后腔、假嗓，群众习称"花腔"。宛梆最具特色的就是它的花腔。 花腔接于本腔之后，是一种比二本腔还要高八度的假嗓无字行腔。男花腔用咿音，高亢枭厉；女花腔用呕音，清丽嘹亮。每听到宛梆的花腔，都让人汗毛倒竖，感动不已。因为它总是接在某一个动情的唱段之后，突拔而起，好像是情感的迸发。因为它音阶高到了极限，好像生命已无法承受。因为它有音无字，好像是我们的祖先在还没有语言时的啸叫，它从远古传来，或者是从宇宙深处传来……它的主乐器大弦的音质高锐到干涩的程度，发出唧唧的鸟鸣声，并不动听，却把花腔的艺术效果抽拔到了极致。

宛梆真的是独一无二的，宛梆的花腔真的是独一无二的，可惜全国现在只剩下一个宛梆剧团了。2006 年 5 月 20 日，宛梆被列入第一批国家级非物质文化遗产名录。宛梆是中原文化、秦晋文化、楚文化在南阳共同孕育出的一个历史文化标本。

3. 南阳越调——月光如梦戏如幻

河南有三大剧种：豫剧、曲剧、越调，其中越调发源于南阳。

淅川县已被丹江水库淹没的李官桥，20 世纪 60 年代曾发现明代石碑一通，碑上有题诗曰："乡戏名越调，犹是唐宫曲。"说明明朝时候，越调戏已经很盛行了，盛行到已经成为乡戏，为老百姓所普遍喜爱。而且它的曲调古老高雅，有着大唐宫廷的旋律风格。什么是"唐宫曲"？杜甫说唐宫曲就是天上的曲子，"此曲只应天上有，人间哪得几回闻？"可见越调在当时多么受百姓喜爱。

由于需求旺盛，越调演员就成了抢手货，有以此牟利者。元末，今西峡县七峪村乡绅李汉办起一个越调戏班，招收社会上穷家儿童，设馆培训，三年一期，一期30几人。这是中国最早的戏曲学校。学生毕业后就有赏分配到各处戏班。那时越调戏班非常多，仅邓县一县就有数十班。其中著名的有同治四年（公元1865年）前后的西峡三泰班，同治十三年（公元1874年）前后的淅川六房科清平班，光绪三年（公元1877年）前后的内乡、淅川（杨营）永和班等。这些戏班不仅在南阳城乡演出，还到相邻省份演出，湖北、陕西、安徽、河北，甚至到了甘肃、内蒙古。至今，在湖北郧阳罗公庙古戏楼的墙壁上，还保存有一行优人涂鸦："光绪三年二月内（乡）、阳（城）二邑杨营永和班月调在此一乐也。"

由于越调戏以南阳为中心向四周扩散，临近地区也都纷纷出现越调戏班。先是流布全省，仅与南阳相接的汝州、宝丰、郏县就有一百多个越调班社。之后，发展到了湖北西北部、陕西东南部、安徽西北部、山西东南部、河北中南部，甚至北京都出现了越调剧团。

当然，越调每在一处生根发芽，都必然会吸取当地的"营养"成分，因此就形成了众多流派，但总体上仍叫越调，他们的根在南阳。因为根在南阳，所以越调早期的名字叫"南阳调"；因为"南阳调"善演悲剧，所以后来有人叫它"哭月调"；因为越调的伴奏主乐器是象鼻四弦琴，所以后来又有人叫它"四股弦"；因为流传时间久了，民间又叫它"老越调"……像一切事物一样，它有一个生长过程，最后成熟了，叫越调。

京剧、豫剧、徽剧、秦腔、越剧……越调，是"吴越"的"越"吗？这很有意思。多年来，由于史籍缺乏，戏剧界和学术界也都对此一脸茫然。一说越调原本称为"月调"，乃系中国古代戏曲的一般地方剧种共同拥有的"平、背、侧、月"的四种调门之一；一说就是吴越的越，源自吴越；一说"越"者，"岳"也，岳飞的岳，来自岳家军。后两种说法并不完全穿凿附会。南宋时期，南阳是宋金之战的前沿地带，你争我夺的拉锯战多次在此发生。期间，岳飞在邓县、内乡、桐柏都有驻军。《宋史》记载："壬戌，岳飞遣统制王贵、张宪击败李成及金兵于邓州之西，复邓州，禽其将高仲。……庚午，王贵、张宪破金、齐兵，复唐州及信阳军，襄汉悉平。"据邓州方志记载，时驻守邓州的军队中，有影戏，称"均容直"（实为豫西越调前身的称谓）。宋叶梦得《石林燕语》："燕乐教坊外，复有云韶班、均容直二乐。"《宋史》记载："均容直，亦军乐也。"就是说，驻邓的宋军演奏均容直，并独出心裁地配以影戏（皮影），这样，慢慢地，均容直与影戏就结合成了一个新的表演艺术形式，这就是越调的雏形。因为是军乐伴奏，所以上演的都是征战大戏，比如《收姜维》、《战洪州》等，因此，越调最初的名字又叫"大越调"。

驻邓的宋军是岳家军，南宋的统治中心在吴越地区，因此，这支岳家军的士兵可能大部分都是从吴越之地招募来的。那么，"越调"，究竟是"越调"呢？还是"岳调"？后来，岳飞冤死风波亭，"大越调"的名字变成了"哭月调"，是哭月呢？还是哭岳？真是让人浮想联翩！

当然，作为艺术，它是让人审美的；月亮和月光，是天地间最美的意象。而越调的最初表演形式是皮影；皮影表演局限太大，后来改作木偶。木偶一般由梨木雕成，生旦净末丑，形象逼真，活灵活现，蟒袍玉带，青衫罗裙，穿戴行头与演员的几乎一样；有肩、臂、手、脚，可以甩水袖，可以舞剑戟。木偶高80厘米左右，演出时，演员举偶于面前，藏身偶后，自己念唱，操纵木偶表演。这叫真人不露相，露相非真人。所以，南阳民间称越调叫"撮（zhōu，举的意思）偶"；"偶"字南阳人念"吼"音。1981年，在南阳城北的云阳宋墓中发现两幅杖头木偶砖雕，画面上均有两个童子，一幅是手执杖头木偶正在表演，一幅是演出结束时正把木偶往地上放。这些文物的发现，为南阳越调（撮偶）历史源头提供了可靠的实物证据。

"撮偶"是南阳越调最古老、最传统的演出方式，一直到新中国成立初期，乡村里还盛行撮偶戏。后来，真人就从木偶的身后转了出来，逐渐发展成为今天完全由真人表演的现代越调。

想想越调的曾用名"月调"，比如光绪年间那位南阳人在湖北的涂鸦写的就是"月调"，而没写"越调"，不禁又让人浮想联翩了。影戏或木偶，最佳的演出时间都是晚上，因为晚上才有影子，才有最好的演出效果。可见，早期的"月调"，可能是只在晚上演出的。想想看，皓月当空，月光如水，暮色掩藏了木偶后面的掫偶人，舞台下面的观众看到的，是悬浮在半空中古怪精灵似的木偶，咿咿呀呀地唱，自由自在地舞，古音古韵、古人古事……那真是如梦如幻，不知天上宫阙，今夕是何年……

南阳越调的演出剧目有500出左右，分为"正装戏"和"外装戏"。"正装戏"多以历史人物故事为主要内容，是以"外八角"（四生、四花脸）为主的"袍带戏"，代表剧目有《文王吃子》、《钟无盐跑马》、《梵王宫》、《秦琼卖马》、《下南唐》、《收姜维》、《战长沙》等。"外装戏"多以民间传说、公案传奇，以及家长里短、儿女情长为主要内容，代表剧目有《青龙山》、《火焚绣楼》、《白奶奶醉酒》、《双喜借粮》、《刘公案》。

2011年6月10日，发端于邓州的南阳越调被列入国家非物质文化遗产名录。

4. 南阳二簧——枯萎的山菊花

河南与湖北接壤，南阳与襄阳毗邻。汉水的三大支流丹江、白河、唐河皆横贯南阳，自古以来，就是两省间南北往来的通衢。汉剧兴起以后，其中的襄河流派，在道光、咸丰年间，逆三水北上，进入南阳，逐渐发展起来，人们称之为汉调二簧或二簧、皮簧、山二簧。至20世纪30年代，南阳先后兴办二簧班社60多个。八国联军于1900年攻陷北京后，淅川孙都文二簧班曾奉召到西安献演，慈禧太后看后赏赐黄马褂。1923年，唐河张湾"三"字二簧班在汉口德租界汉剧院演出，"活腿"赵庚辛和"帽盖"李三镇以《黄鹤楼》、《康茂才挡将》、《花王擂鼓》等拿手戏，令当地的官商与汉剧界的名流纷纷登台会面，并以苏绣二蟒二靠相赠。

这批名优的出现，把二簧戏在南阳的发展推向鼎盛时期。不少村镇庙会，无论春祈秋报，或是祝福还愿，必演二簧戏。一些大户人家、官商子弟、文人雅士，也经常唱。南阳城内的三皇庙、新街口、龙亭门、粮行门、小东关以及城外的钦赐田、石桥镇、赵营不少地方非二簧戏不唱。

南阳二黄的传统剧目有一千多个，保留下来463个，新中国成立后经常演出的约200个。其中多为三国戏、列国戏、唐宋戏，取材于《西游记》、《封神榜》和民间故事的剧目也占一定比重。《黄鹤楼》、《芦花荡》、《凤仪亭》、《二度梅》、《闹天官》、《火焰山》、《花田错》、《十八扯》、《打花鼓》等流行时间较长。辛亥革命后，曾创作演出过文明戏《鸦片恨》。新中国成立后，陆续改编了《棠棣之花》、《谢瑶环》、《满江红》、《强项令》等一批新编历史剧。同时，也演出了《八一风暴》、《方志敏》、《地下尖兵》、《夺印》以及《红灯记》、《沙家浜》、《奇袭白虎团》等一批现代戏，在反映革命斗争生活和现实生活方面做出了有益的尝试。

南阳汉剧的音乐结构属于板腔体。声腔以二簧和西皮为主，兼有四平调、吹腔、拨子等。西皮有导板、慢板、快三眼、二六板、流水、快板、摇板、跺板、反西皮等；二簧有导板、回龙、慢板、原板、快三眼、散板、摇板、反二簧等。汉剧曲牌有四百多个。其中《小开门》、《朝天子》、《万年欢》、《节节高》等属于笛子曲牌；《大开门》、《水龙吟》、《将军令》、《一枝花》等属于唢呐曲牌；《小桃花》、《夜沉沉》、《哭皇天》等属于丝弦曲牌；《点绛唇》、《新水令》、《千秋岁》、《普天乐》等属于混用曲牌。伴奏乐器有胡琴、大锣、二锣铙铰、堂鼓、马锣等打击乐。

南阳汉剧的角色，根据人物的性别、年龄、相貌、性格和社会生活的层次，分为10种，即一末（老生，戴苍白须）；二净（大花）；三生（正生，戴黑须）；四旦（青衣）；五丑（小花脸）；六外（戴须的男角，末与生的补充）；七小（不戴须的文武小生）；八贴（花旦）；九夫（老旦）；十杂（侧重于做功和武打的净角）。各种行当里又有严密精细的分工。例如，末行中又分袍服派（含王帽类、相筒类、钞帽类、纶巾类、儒巾类），苍头派（含义仆类、侠士类、皂隶类），衰迈派（含龙钟类、临危类）……10种行当共分34派63类，其细分程度为其他剧种中所不多见。

各个行当的演员，都需要具备唱、做、念、打的硬功夫，但在实践中却各有侧重。大体上，一末、二净、三生、四旦、九夫重在唱、做两功；六外、十杂重在身段和把子功；八贴必会跷子功；七小唱做念打皆备，故称全才行当；五丑重在会做打上，还特别强调柔功。发声上，末、生、外、丑、夫使用大嗓（本声），净、旦、小、贴、杂使用小嗓（假声）。发音吐字以中州音韵为基础，杂以湖广音韵，同时也吸收不少本地的方言俗语。唱腔受地方戏曲和民歌小调的影响，男角以字带声，质朴简洁，粗犷豪放；女角柔和婉转，自然流畅。久而久之，自成一体，独有风味，形成了有别于湖北汉剧的南阳地方特色。南阳山地多，听惯了曲艺小戏的山里人一时对二簧很喜爱。因此，虽然行内人一般都叫南阳二簧为汉剧白河流派，但民间许多人都叫它土二簧、山二簧。山二簧、南阳二簧真的像金黄的山菊花一样，在南阳满山遍野地灿烂过。

在南阳诸多剧种中，二簧是最高雅的，从唱腔到表演，都接近于京剧和昆曲。但南阳是个农业大市，文盲多，虽然文化底蕴丰厚，但文人雅士毕竟是小众，因此，在近代豫剧、曲剧这些大众化的舞台艺术兴起以后，南阳二簧逐渐式微。"文化大革命"前南阳市还有一个汉剧团，那时叫南阳地区汉剧团，唱二簧，"文化大革命"后就解散了，一部分演员下放为工人，一部分并入了南阳地区曲剧团。从此，二簧在南阳绝迹，这朵曾经亮丽过的山菊花，就只能盛开在南阳人的文化记忆里了。

5. 南阳曲剧——下里巴人的狂欢

曲剧，曾名"高台曲"、"曲子戏"，俗称"曲子"，20 世纪 50

年代改称"曲剧"。曲剧南阳流派是在南阳大调曲（鼓子曲）的基础上，吸收其他剧种的艺术成果发展形成的。各类剧团遍及南阳城乡，为广大群众喜闻乐见。流传广泛，东至许昌、漯河、周口、郑州、开封及山东、安徽省，北至河北、山西和内蒙古，西至陕西、甘肃、青海及新疆，南至湖北、贵州、四川和云南等省，都有南阳曲剧演员参加的曲剧团体和演出活动。

李振山先生编纂的《洛阳曲剧史话》，对洛阳曲剧的形成有一个脉络清晰的记载。清朝同治年间，洛阳城南王屯村有一位王凤桐，在南阳教私塾教了三十多年。他非常喜欢南阳的大调曲子，回乡后，把南阳的一百三十多支大调曲牌带回洛阳，和洛阳本地的曲牌进行对比、糅合，最后形成六十多个曲牌。南阳的大调曲是坐堂曲，不表演，但唱腔优美；洛阳有踩高跷的风俗，只表演不歌唱，称"哑巴跷"，王凤桐最终把这两种形式结合起来。光绪六年（公元 1880 年）农历正月十三，王凤桐带领本村高跷队赴关林关帝庙会，边踩边唱，一时轰动洛阳。1926 年，四月初七，另一支高跷队（这时已叫"高跷曲"）在登封演出，遇雨，泥地里不能踩高跷，可是当地群众不放他们走，找来几辆牛车拼在一起，让他们在台子上演，从此，"高跷曲"就变成了"高台曲"。

而南阳的记载比洛阳的要早。清宣统二年（公元 1910 年）农历正月十六，邓县李堂村娘娘庙会上，邓县城东的大调曲艺人盛长娃（男）、李黑妮（男）、张娃（三弦手）三人搭台演唱《王大妈钉缸》。此台演出是南阳大调曲俗派把大调曲搬上舞台之后演变为高台曲的最早纪录。虽然与洛阳高台曲同源，但南阳高台曲的进化史似乎少了高跷曲这样一个环节。民国初期，南阳的曲剧班社甚多，其中有徐庆生（艺名白娃）的安皋曲子班、内乡师岗曲子科班、邓县白子明班、淅川梁乡阁班、南召李春堂班等。南阳各属县、各乡保村镇、南阳驻军、商会、富门之家，办有大小不等的曲子戏班一百多个。曲子在南阳地区不分行业，不分阶层，不分城乡，不分男女老少，人人都能唱上几句。

曲剧在 20 世纪 30 年代形成发展时，出现了一大批名震南阳盆地及周边数县的演员，大部分都是艺名人人知，真名众不晓，如大金牙、小金牙、水上漂、灯草灰、浪八圈、庄家人、卖馍娃、气死卖馍娃、白娃、白菜心、小白鞋、长脖、双辫、三保险、大妞、二妞、三妞、贵娃等。这一批名噪一时的演员，在曲剧的发展史上，起到了创始和推动的作用，使曲剧很快成为南阳地区的第一大剧种、河南第二大剧种，一下子把越调、南阳梆子、二黄三剧种的势头压了下去。那时，一听说哪个村里唱高台曲，十里八乡的人都往那里跑。

曲剧影响力之大，主要原因在于：第一，其他剧种无法相比的丰富的调门和动人的唱腔。第二，唱腔的群众化，人人都能唱几句几段，通俗易学，便于普及。第三，演出节目生活化，大都是民间流传的故事，群众熟悉、爱听、爱看、有亲切感。第四，音乐的时代化，它结合了时代的节拍，看起来初登台时三五人，如同山野里的小草，但它音乐的时代感，使它有旺盛的生命力。

1940 年左右，由于抗日救亡工作的开展，曲剧班社不断增加，有艺友们组织的曲剧班社，有当地驻军组织的"话剧团"（实际是曲剧），有当地民团组织的班社和士绅组织的班社，也有一些学校组织的班社。这个时期的演出节目有小戏、大型戏和部分连台戏，单本大型戏有《伍元哭墓》、《安娥送米》、《金文仲荣归》等，连台戏有《刘庸下南京》、《金鞭记》等，宣传抗日救国的节目有《送夫当兵》等。上演节目的增多及内容的变化，促使曲剧演员的行当由原来小三门的公子、小姐、丑，发展到有红脸、老生、武生、正旦、武旦等行当齐全，俨然已成为一个大剧种。

南阳曲剧在唱腔音乐方面不满足于一般俗曲小令，逐渐丰富多彩，现已发展到一百多个调门：哭扬调、书韵、诗片、鼓子头、鼓子尾、大汉江、小汉江、银扭丝、金扭丝、太平年、打枣杆、剪剪花、坡儿下、阴阳句、满舟、小桃红、莲花落、石榴花、上小楼、四季春、斗鹌鹑、双叠翠、玉娥郎、哭皇天、倒推船等，光名字就颇有意趣。在演出剧目上，同样没有停留在《货郎翻箱》、《卖瓦盆》以及《小姑贤》等反映家长里短、儿女情长及风趣、幽默、嘲讽、戏谑的审美层面，而是以开放的心态，接纳、吸收"老大哥"剧种的艺术成果，全方位地发展壮大。特别是新中国成立后，以南阳市曲剧团为代表的曲剧艺术表演团体，努力突破剧种风格样式的局限，创作、改编、演出了各种类型、题材的剧目，使生、旦、净、丑各行当全面发展，使曲剧不仅有鲜亮、活泼、生动、有趣的轻喜剧生活戏，而且有题材重大、主题厚重、思想深邃、格调高雅、文化意含深厚的袍带戏、情感戏。1960年，南阳市曲剧团走进中南海，周恩来、朱德等国家领导人观看该团演出的《阎家滩》。1998年《阎家滩》被搬上银幕，并获得华表奖。2004年9月，南阳市曲剧团代表河南省在中国第七届艺术节上演出现代曲剧《惊蛰》，荣获"文华新剧目奖"、"文华导演奖"、"文华舞美奖"、"文华表演奖"、"观众最喜爱的演员奖"五项国家级大奖。南阳曲剧成为中国众多剧种中一颗耀眼的星。

6. 南阳曲艺——柴米油盐酱醋茶

　　比起戏剧，南阳的曲艺更负盛名。1997年10月22日，中国曲艺家协会命名南阳市为"中国曲艺之乡"。一是这里曲种多，大调曲、鼓儿哼、三弦书、剪板书、锣鼓曲、莲花落、槐书、蛤蟆嗡、琴书、善书、南阳大鼓……二十来种。二是历史悠久，东汉张衡在《南都赋》中这样描述："弹筝吹笙，更为新声。寡妇悲吟，鹍鸡哀鸣。坐者凄唏，荡魄伤情。"能够让"寡妇悲吟"、"坐者凄唏"，恐怕光弹筝吹笙达不到这种艺术效果，而很可能是在筝、笙伴奏下的一种说唱文学，相近于现代的曲艺形式。三是南阳的曲艺太普及了，艺人多，群众喜闻乐见。20世纪80年代做过统计，南阳市有曲艺艺人2000多名，新中国成立前可能二倍于此。20世纪60年代以前，行走在南阳大地上，走上三里五里听不到弦鼓剪板声，那是很反常的。

传统曲艺，不需要舞台，不需要乐队，不需要化装，不需要团队，一二人即可。演出场地有时在田间地头，有时在饭馆，有时一人一鼓就支在你的床头。听戏，就像喝一杯茶，或者拿一个鸡蛋换一羹盐，拾几个红薯打一瓶醋。

如果把戏剧比作南阳人的精神大餐，那么，曲艺就是南阳人精神生活中的柴米油盐酱醋茶。

在这些曲艺中，流行最广的有三个：大调曲、三弦书、鼓儿哼。

（1）大调曲

原称鼓子曲，是南阳地区主要的曲种，源于明清俗曲鼓子调，初兴于开封，清乾隆年间传入南阳后，逐渐形成不同于开封鼓子调的曲种。20世纪30年代，因河南曲剧俗称小调曲子，为求区别，鼓子曲改称大调曲子。曲目多为韵文体，小段唱词，少数生活段子加有说白，现存曲目1200多种。

大调曲重雅轻俗，严雅俗之辨，在中国古代颇具口舌之争，然何为雅，何为俗？未曾有人制定出标准，不同时代，不同地位，不同身份，甚至不同的人物，都会有不同的雅俗观。最初的雅俗之别，即为义利之别，古代也有把文人称为雅士，农商称为俗人的说法，更把从事曲艺之人视为下等之俗。可见，封建社会的说唱艺人们一生都生活在社会的最底层。

然而，南阳大调曲子身为曲艺，却可逃过此劫，它以庄重的礼仪、丰富的内涵、高尚的品格、优美的声腔征服了义雅之人，登堂入室，成为演艺行中唯一的贵族。大调曲子的表演形式可谓"雅通心志、曲正行方、俗在耳目、魅入髓骨。"

南阳大调曲分为雅、俗两大派。雅派多为绅士、文人、富商所唱，他们常唱"红楼梦"、"三国"、"西厢"等文雅曲目，使用大牌子如劈破玉、满江红等，演唱遵照旧制，闭目端坐，耸肩拔项，常在家中厅堂演唱，被称为客房台曲。大调曲子以诗词歌赋为基础，诗词歌赋赋予了大调曲子丰富的知识性和高雅的文学性。演唱时以规矩礼法、仁义道德为宗旨，深受文人的青睐和尊重。

大调曲子艺人信奉孔子，演唱时不敬神烧香。遵照"先王之作乐，所以节百事也，乐而有节，则和平寿考"的原则，注重知识性和价值观，追求规、矩、礼、法、道、德、仁、义八字真言。规是指演唱大调曲子的伴奏者或演唱者，任何场合都讲究仪表庄重、闭目端坐，以示对主人的尊重和对自身品格的维护；矩是指弹奏者坐左边，唱者坐右边，演唱前先定神思，后开板，演唱中间如不加长白不能随便跳韵；礼是指讲究礼义，唱前先拱手托板谦让他人，如有外地曲友或老年曲友即可先行演唱；法是指演唱者不可偏离题目，演唱曲目应顺应场合人事而定；道是指道不同者不相为谋，道同者以诚相见；德是指曲友之间需相互捧场 相互叫好，不可相互挖苦嘲笑；仁是指大调曲子艺人之间无论长幼，无论从艺时间长短都不称老师，统称曲友；义是指曲友之间为道义之交，情同手足，无论何时何地相遇，相识与否，都要互相照顾，盛情接待。可见，大调曲子的表演形式不仅维护了自身的高尚品格，更继承了礼仪这一中华民族的传统美德，这可能是其极具生命力的真正原因。

传统的清唱形式均为坐唱，常于月白风清之夜，华灯初上之时，曲友互访即拨弦击板，引吭高歌。古时以曲会友，为风雅之士、文人墨客盛行之举。

俗派多为市民、农民、小商贩等所唱，词曲通俗易懂，多是易学、易唱、易传的杂调小牌子，如打枣竿、罗江怨、坡儿下、呀呀哟、莲花落等，讲究情节趣味，接地气。传统中，俗派大调曲子多为一人演唱的形式，也有少数二人对唱或三人对唱的曲目。一人主唱时，遇到需要众人合唱的调门时，伴奏者和其他听众，即一齐帮腔，称为伴唱。有时各种不同身份的人，复唱演员演唱的片段，可用不同方言，每人一句，使得演唱者、乐手与观众感情交流，心领神会，相互烘托渲染，气氛更加浓烈，充分显示了自娱娱人，皆大欢喜的独特魅力，新颖别致，颇具楚文化之遗风。

大调曲子以唱为主，少数段子间有宾白。宾白者，有两人互说，有一人自说。现存1200多个段子中，有宾白者仅占五分之一。大调曲子灵活的表演形式，免去了舞台、道具、化装、着装等繁杂工序，使其更容易走进百姓生活。

传统大调曲，忌讳手舞足蹈地表演，认为那是轻佻的表现。只注重吟唱，吟唱时正襟危坐，目不斜视；忌讳谈钱说利，拒绝商业演出；大调曲友大都是文人士绅，厌弃舞台，远离江湖。因此，南阳大调曲人称君子戏。

南阳大调曲子的伴奏乐器以三弦、琵琶、古筝三种弹拨乐器为主。这种乐队建制，无疑是继承了明中期在今河南、山东、安徽所流行的弦索曲种，除此之外还有月琴、扬琴、坠胡、二胡、软弓京胡、洞箫作为伴奏乐器。打击乐器中，手板、八角鼓两样必不可少，在条件不足时，也有人以茶杯、茶盅盛水，摆于桌案，以盛水多少调音，以筷击之，悠闲逗趣，颇为悦耳。

大调曲子的音乐丰富优美，曲板庞杂，所用曲牌 180 多个。在我国曲艺音乐中，有如此众多者实为罕见。常用的曲牌多是一些行腔少，易学易唱的曲牌，是大调曲子音乐的主要组成部分，如鼓子头、鼓子尾、阴阳句、太平年等不同板式节拍的鼓子杂牌有 52 个。常用小昆牌有边关调、小桃红、叠断桥、倒提帘、玉娥郎等 26 个，另有鼓子套曲、垛子套曲、金镶边、越调套等一百余个。大曲牌子有起字调、寄生草、码头、垛子、满江红五种，另有高山流水、和番、落院、大泉、萧妃舞等板头曲数 10 首，独奏或合奏，在我国的器乐曲领域影响深远。就各个曲牌的调式而言，宫调式和徵调式，构成了大调曲子的主体调式。这种关系调式，又形成了曲牌之间联套的调式基础，其音阶除个别曲牌为五声音阶外，大都为七声音阶，七声音阶里的第 4 个音，往往游移不定，这一音阶特征，使南阳大调曲子形成了不同于其他地方曲艺音乐的独特风格。

大调曲子的板头曲尤具特色。曲友聚会，尤其是技艺高超且经常合作的人在一起，必定要先合奏几首板头曲。特别是在夜深人静之时，月挂树梢，光洒庭院，清风习习，万籁俱寂之时，一曲高山流水，雄浑凝重中和以欢快跳跃，俞伯牙、钟子期以琴会知音的氛围不期而至。

1958年，南阳大调曲子艺人王富贵、周小惠以登台站唱表演的形式，参加了全国曲艺会演。此后，随着大调曲子女演员的出现，又有了女演员手持八角鼓站唱、对唱分角色表演，运用手、眼、身、步及挥舞八角鼓穗儿等舞蹈动作的表现形式，极大地改变了大调曲的传统模式，使它从客房屋走上舞台，从家庭走向社会，场地舞台化，曲友艺人化，演出商业化。戏曲里最后的贵族，最终平民化了，但在南阳，至今褒贬不一。

大调曲子在社会学、历史学、民俗学、文学、美学和音乐史上都有着很高的价值。2008年6月7日，南阳大调曲被列入第二批国家级非物质文化遗产代表性保护项目名录。

（2）三弦书

三弦书全称三弦铰子书，又称铰子书，早期称板书，因用三弦、铰子伴奏而得名。2008年6月，南阳三弦书被列入国家级非物质文化遗产代表性保护项目名录。

三弦书作为一种典型的民族说唱艺术，以朴实无华的唱腔和浓郁的乡土气息，曾一度"统治"南阳及周边城市曲坛三百多年而不衰，为中国曲艺之乡打下了坚实的民间基础。

三弦书初为一人一弦，腿绑脚板，自弹自唱，又称腿板书。其后，随着观众审美要求的提高和艺人改革的施行，逐渐演变为演唱者手击铰子或八角鼓边唱边演的形式，另有三弦和坠胡专门伴奏，并在演唱中帮腔、插话而形成两三人一台戏的形式，使这一说唱艺术得以更快地发展，更广泛地流传。

相传，孔子周游列国，宣扬教化。劝说得多了，百姓就感到厌烦了，他每到一处，百姓不是躲开，就是闭门不出，于是孔子就做了一把三弦，把劝人之语编成小曲边弹边唱，人们听后愉快接受，端来饭食，又请他到屋内说唱。这种说唱形式被民众继承发扬，以后三弦书艺人每到一处开场前，必先念一首《西江月》以致敬孔子：

> 昔日三皇五帝，也是人根之祖，
>
> 开天辟地讲耕读，治下乾坤厚土；
>
> 孔子鲁国训民，方然留下说书，
>
> 习学弦板论古今，解劝老少民妇。

由于演唱内容过于文雅，三弦书逐渐被艺人化繁就简，变得生动活泼，通俗易懂，具有乡土之味、醇厚之美和刚健清新的表演特点，深受群众欢迎。明朝晚期，三弦书已在南阳民间盛行，和众多曲艺形式一起被统称为民间俗曲。清乾隆年间是三弦书发展的普及时期。乾隆三十八年至乾隆四十年，南阳县秀才何老窝、方城县三弦书一代宗师沈大楼，都已开始演唱三弦书。乾隆五十七年（公元1792年），新野县艺人冯国有也在本县演唱三弦书。据方城县三弦书艺人张明川讲，他13岁开始学艺，可上溯四代老师：师父张士德、师爷范龚先、曾师祖龚一圈、太师祖沈大楼，由此可见三弦书在南阳民间流传之久远。

清光绪年间，南阳三弦书艺人有三四百人。由于三弦书艺人所处地域不同，表演风格不同，从而形成了中路、东路、西路三大流派，各具特色。东路多在桐柏、唐河活动，以张永西、老黄先儿、万孝廉为代表；中路以社旗西、桥头镇为中心，以南阳县的刘永科、赵四差脚为代表；西路大都在南阳县东北部与方城县博望镇一带活动，以刘文学、张士德为代表。

此时的艺人多聚集于南阳，每年一度搭棚会演，因三弦书艺人尊奉三皇，即天皇、地皇、人皇，遂称三皇会，也称书会。每逢三皇生日，来自11个县的艺人汇聚于此，搭棚焚香祈福，演唱三天。大会广发请帖，众筹礼款，以作开支，由德高望重的老艺人筹办。按技艺高低入棚，分头棚、二棚、三棚进行演出，聘有名望的艺人、秀才、乡绅做裁判。分设专管曲目表演、词句唱腔的社管、社论、校音、听字等职务。胜出者挂红游街，受万人崇拜。

三皇会在当时影响很大，除了艺人在艺术上的交流和相互提高之外，还制定出一系列行业制度，如拐骗妇女者……逐出行业；偷窃者没收器乐逐出大会；蒙骗徒弟者打五百柳木棍等。还有眼稳、手稳、口稳之约，即从艺者不看妇女、不拿人物品、不说粗鄙之语等。严格的行业规定，约束规范了艺人的演出准则，端正了品德，极大地促进了三弦书的发展。追溯历史，不难发现，前辈艺人对生活的追逐，对音乐的追求，对历史人文的声声解读，是心血和智慧的集中体现，在弘扬着家国史诗、仁义道德，他们是传播中华历史文明的使者。

（3）鼓儿哼

鼓儿哼学名应该叫南阳鼓词，因在唱腔中常常有鼻音拖腔，很好听，所以南阳人就俗称它"鼓儿哼"，更通俗的叫法是"咕噜哼"。鼓儿哼的说唱形式历史悠久，相传起源于春秋时期。"鼓词"二字起源于明代，清代以后鼓词演唱兴盛。北方鼓词主要流行于河北、河南、山东、辽宁以及北京、天津等地。南方主要有江苏的扬州鼓词和浙江的温州鼓词等。河南南阳鼓词，师从古代流传下来的俚俗鼓词，也叫犁铧大鼓。它和道教劝道的渔鼓道情是一脉两支，源于道曲而衍变形成的独角书形式。因其演唱简单，易学、易唱、易懂，是南阳广大人民喜闻乐见的三大曲种之一。其表演唱腔原始古朴，唱词通俗易懂，贴近生活，生动流畅，加之鼓声、剪板声节奏明快，适于叙事抒情，成为旧时南阳长演不衰的曲种。

南阳鼓儿哼系元代道家真人邱长春所传，即由全真龙门派演变而来，有严格的规矩，连行艺的鼓和架都有七寸鼓，三寸面，鼓架二尺七寸半的规定。另还有"道德通玄静，真常守太清，一阳来复本，合教永圆明"等百字家谱，直至 1930 年在南阳已传至第 21 辈。由于生活的压迫，早期的曲艺艺人不得不在艰苦的环境下拜师学艺。严苛的学艺规矩和整个社会环境的残酷现实，造就了一大批极具实力和艺术功底的老艺人，并为我们留下了丰富的艺术作品。

鼓儿哼的表现形式，一面鼓，两块板，一个人。其流传形式往往是师徒口口相传，没有专门学堂来教授，因而艺人往往只知道自己的老师。他们肩背一条装架子鼓的布袋，单人独行，往哪儿一站就是舞台；掏出鼓一支，一手击鼓，一手打板，随时随地都可以来一段。 他们演出阵容最小，演出内容却最丰富，既能讲出前朝历史、古代人物，又能教化做人的道理，引导百姓辨别善恶，树立正义感，寓教于乐。因此，鼓儿哼在中国的历史文化传承中，有着不可替代的地位，它是老百姓接受传统文化教育的传播纽带，吸引了一代又一代的听众为之陶醉。

南阳鼓儿哼的传统书目非常丰富，经典段子几百种，中、长篇大书有一百多部。内容广泛，且异文甚多，同样曲目，可以出自不同艺人之口，故有"十书九不同，各人嘴里变巧能"的说法。鼓词演唱曲目分为长篇、中篇、短篇、书帽。长篇大书可演唱几场到几十场，如《包公案》、《施公案》、《刘公案》、《大八义》、《小八义》等 60 余部，一唱就是一两个月；短篇如《拉荆芭》、《十字坡》、《桃园结义》、《刘全进瓜》、《罗成算卦》等 50 多个。书帽多为趣味性很强的小段，也有历史名词、古代谚语以及文字游戏之类，如《十八扯》、《大实话》、《鸭子跳坑》、《颠倒歌》等，作为大书开始前的开场，语言简练，生动诙谐，引人捧腹，一下子就能把戏场氛围烘托起来。

第十章

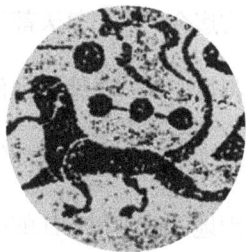

醇香绵长一"宛"酒

——南阳民俗文化

民俗是民族文化的根，是民族精神的象征。中华民族在五千年漫长的历史长河中，创造了灿烂的中华文明，也造就了丰富多彩、异彩纷呈的民俗文化。俗话说"十里不同风，百里不同俗，千里改规矩。"其原因主要是各地山川形胜、物候植被、生活方式、人文状况的差异，逐渐形成了各自独有的民风民情。因此，民俗是一个地区或族群的文化边际线。南阳处于楚文化和中原文化的交接带，楚风汉韵，把南阳民俗酿成一"宛"（碗）香醇绵长的美酒。她是在南阳这一特定区域内产生并世代传承的文化，是中华文化重要的组成部分。

1. 农耕——播种民俗

我国有句老话，叫"谷乃国之宝，民以食为天。"但老话不老，从古迄今，人们每天都得吃饭。俗话说："人是铁，饭是钢，一顿不吃饿得慌。"一个地区种什么，就决定了吃什么，种和吃是一对相协调的生活现象，一个地区的气候适应种什么，无疑也适应了当地人的味觉。南阳地处黄河和长江的中夹地带，属于南北交替气候，它的农作物的种植自然也就兼具南北的特征。

南阳粮食作物主要有小麦、玉米、水稻、谷子、红薯、高粱、大豆、豇豆、绿豆、豌豆等，与生活相匹配的经济作物主要有棉花、芝麻、花生以及南、北适生的苹果、柑橘等。

旧时，由于生产力低下，种庄稼的工具主要是犁、耙、镢头、锄头。而役使的牲口是牛、驴、马，耕种的方式是犁耕和刨耕。

由于农民把土地看得很金贵，视粮食为生命，所以对秋麦的种植也就非常虔诚和认真。比如种麦，先往地里撒底肥，再犁耕，犁耕后耙地，耙地是使土地既平整又松软。为此，要反复竖耙、横耙，还要打斜耙。耙是空格钉齿耙。两条耙方上，各凿九个方空装置耙齿。操作时牛在前边拉，"牛把儿"立在耙上，一手拉绳套，一手掌鞭，随着耙向前运动，就能把土碾碎，整平土地。土地平整、松软后开始播种。南阳播种小麦，很早就使用先进的农具"耧"，称为耧播。耧由耧把、耧斗、耧腿等主要部件组成，耧斗是盛种子的，耧腿由三支组成，每支腿是空心的，上通盛种子的耧斗，下通土壤，当牛拉着耧前进时，牛把儿不停地摇着耧把，就把小麦种子均匀地播进地里了。

各种农作物的播种都是有季节和时令的，小麦的播种时节也非常严格。南阳种小麦的农谚："寒露到霜降，种麦莫慌张；霜降到立冬，种麦莫放松；立冬到小雪，种麦嫌晚些。八月寒露抢着种，九月寒露想着种。" 还说"小雪不破股（分蘖），大雪不出土（麦苗）。"这都说明种植小麦要掌握好节令，不能早也不能晚，早和晚都会影响小麦的产量。

　　小麦的播种和生长，雨水很重要。南阳农谚讲："麦收八、十、三场雨。"是说老天爷要在阴历的八月、十月和来年三月各下一场雨，有这三场雨，小麦就能保住丰收。农谚还讲："麦盖三床被，头枕馍馍睡。"是说在冬天里，要是下三场大雪，就能保住小麦丰收。在南阳农村，农民还总结出许多农谚，如"四月清明谷雨天，麦苗拔节雨如烟；五月立夏与小满，大麦豌豆场中碾；六月芒种到夏至，杏黄麦熟抢种急。"

　　割麦的季节，在立春后的百日前后，农谚曰："打春一百，拿镰割麦。"南阳南北部、丘陵地带和平原地区小麦成熟相差一周左右。因为在传统的收麦季节，农民多用镰刀收麦，故民间称麦收开始为"开镰"。南阳谚语"麦熟一晌，蚕老一时"言指麦熟极快。麦季正值雨季，为了保住麦子丰产丰收，男女老少都加入火热的麦季抢收中，有道是："麦子焦了头，小姐下绣楼"。抢收期间，人们往往天不明便下地，一直干到大半夜。"妇姑荷箪食，童稚携壶浆。"这时早饭与午饭一般都由儿童或妇女送往田间，俗称"送饭"。麦收季节主要是与天公争时间，争天时是要赶紧腾茬种秋季作物；跟下雨争时间是避免把麦收在雨中，影响麦子质量。所以,在南阳民间广泛流传这样的谚语:"有钱难买五月旱,六月连阴吃饱饭。"可见雨水在农历五月里,对于南阳的麦收而言显得多么的多余。

当麦子被割倒后,前面打捆,后面运输,抓紧运到场里打场。经过打场、扬场,麦子归仓后,农民吊着的心才放了下来。然后,将打场剩下的麦秸,垛成一个像大馒头的麦秸垛。麦秸可作为牲畜一冬一春的饲料。

麦收季节南阳俗称三夏大忙,夏收、夏打、夏种同时进行,可谓十分紧张。夏天气温高,农作物生长快,所以南阳民间素有"春争日,夏争时"和"五黄六月去种田,一天一夜差一拳"的农谚。

割出来的麦茬地抓紧种玉米、绿豆、大豆和花生。玉米播种,为了争时抢种,多不耕地,用点种的方式播种。当玉米苗露出地面四指高时,便需锄地。锄地用板锄,头遍锄地,其主要目的是清除割麦时留下的麦茬。因此,锄的时候扎锄要深,以后再锄,主要目的是清除杂草,因此要浅锄,以保护玉米的根须不受伤害。对此,南阳民谚又曰:"头遍深,二遍浅,三遍四遍刮刮脸"。

锄第二遍时,开始定苗,每穴留一株健壮的,余则剔除。定苗完毕,追施一次肥,旧时多追农家肥,现在多追化肥。玉米长至齐腰深,田间管理告一段落,以下后不再锄地,俗称"挂锄"。挂锄以后,就等着八九月里收秋了。这是农村里最闲的时候,又有俗谚说:"挂罢锄,上戏楼,梆子二簧枸木头(越调)。"

2. 行业——行事法则

旧时在南阳城乡，除从事农业生产外，根据民间需要，还派生出许多行业，突出的是木匠、铁匠和石匠，他们都有许多规矩，是必须遵守的民俗。

木匠包括椅子匠尊称鲁班为祖师，家中设有神位。一般木匠都带有学徒，学徒期为三年，其间除学手艺外，还要参加师傅家里的家务劳动。学手艺，先学拉锯，后学斧、刨、锛、凿。外出干活，徒弟要扛工具行李。吃饭时，师傅上座，徒弟下座，在师傅面前，不食烟酒，不说闲话，三年出师，师傅送一套工具。俗话说："徒弟徒弟，三年奴隶，吃不完的剩饭，招不完的没趣。"道出了学艺徒弟的生存环境。

俗话说"不以规矩，不能成方圆。"民间木匠行规矩森严，在五行八作中最具特色。

做桌子口诀："尺七、二尺七，坐下吃东西。"这两个尺寸，分别为小桌、大桌的合适高度，这也是多少年摸索出的尺寸。小桌指马杌之类，一般坐低凳、靠椅，所以不能做得太高，最合适的尺寸是一尺七寸①。大桌指八仙桌一类，一般坐高背椅或板凳，因此就要做得高一些，最合适的高度是二尺七。

做门口诀："门不离五"。门的高度、宽度尺寸，最后的数字应为

———————————

① 尺为旧单位，其折算为 3 尺 =1 米。

五，取"五福临门"之意。例如，门高可为六尺五，宽可为四尺五，厚可为一寸五。总之无论大门、小门，高度或宽度尾数必须是五。

做床口诀："床不离七"。七与妻谐音。意为床的长、宽、高尺寸的尾数应为七，寓意床床有妻，香火永继。

盖房规矩：椽子不能正对门窗正中，否则为"单箭射主"；两节椽子不能下压上，否则为鬼推磨，伤户主。

立门窗口诀："仰头窗户寝头门"。立窗户时，上部应稍向里倾，为仰脸，利于室内采光；立门时，门头应稍外倾，谓低头纳福。

开榫口诀："湿眼干榫，越撼越紧。"用湿木材开榫眼，干木材做榫头，这样，湿榫眼干后，收缩，榫眼变小，榫头与榫眼越结合越紧。

各行各业都有类似的行规。抛开迷信的说法，这都是长期实践的经验总结，慢慢形成了文化层面的民俗，虽然没有文本规定，但却成了匠人们精神上的约束和施工时的法则，即约定俗成。

3. 节日——千年传承

（1）过年

一个地方的节日习俗，最能体现这个地方的文化特点了。

在南阳流传着"吃罢腊八饭，就把年来办"的俗语，提醒人们年关快到，要开始置办年货准备过年了。

腊月二十三，是祭灶日，进入了过年的第一个小高潮——"小年"。乡下俗语说"二十三儿，买灶蜡儿"。这天晚上要祭灶，要贴上新的灶王爷、灶王奶像，两边要贴上"上天言好事，下界保平安"的红对联，横批是"一家之主"，并举行祭拜仪式。民谚又说："二十三日去，初一五更回"。祭灶仪式结束后，取下祭品，全家才能吃饭。大家沾灶王爷的光，吃火烧、芝麻糖和荤菜等，这也是一年来第一次吃到荤菜。年味儿香在嘴里，甜在心里。

从腊月二十三开始，古老的村庄真的是年味儿飘香了。孩子们开始满村里唱："新年到，新年到，穿新衣，戴花帽。"大人们开始扳着指头迎新年，每天该干啥，都按预定的年歌安排着，其年歌是："二十三儿，买灶蜡儿；二十四，扫房子；二十五，磨豆腐；二十六，去割肉；二十七，杀年鸡；二十八，把面发；二十九，去灌酒；三十，捏鼻儿（包饺子）"。这是南阳世代流传至今的一首"年歌"，提醒各家各户做好年前的各项准备工作。

三十是贴春联的日子，不仅各家要贴，机关、学校、商店、企业等都要贴红对联，民谣称为："年三十儿，贴花门儿"。对联既展现了中华文化独有的书法艺术和精湛的语言魅力，又营造出一派喜庆、祥和的气氛，把年味儿推向高潮。

三十下午包饺子，全家人其乐融融地坐在一起，有擀圆皮的，有切方叶的。圆皮包成元宝形、角子形，方叶包成猫耳形，在锅拍子上一圈一圈地排列着，取一家团圆之意。

除夕夜的年夜饭是丰盛而讲究的，首先，要在祖先牌位前的供桌上点上一对红蜡烛，中间摆上刀头（一大块肉）、全鸡、全鱼等供品。其次，要在香炉里插上三炷香敬奉祖先。一是要大家有孝心，不忘本；二是要祖先神灵保佑全家，降福平安吉祥。供香之后，全家吃团圆饭，摆上大鱼大肉，寓意吉庆有余，主食为饺子，寓意新年交子，迎接新的一年。年夜饭后，全家人围在火塘前熬年，这是一家最幸福、最快乐的时刻，三世或四世同堂，其乐融融。除夕在南阳有个习惯叫"熬夜"，也叫"熬百岁"，即这夜一家人都不睡觉，在屋内燃起一堆火，一家人围着，谈天说地。寓意为谁熬的时间长谁来年身体健康，不生病。

如今的除夕夜与过去最大的不同是有了春晚，全家人围坐在电视机前观看精彩的节目。屋里也不再用烟熏火燎的火塘，改用暖气和电热器。屋外热闹非凡，屋内暖气融融，子时鞭炮声震耳欲聋，整个村庄都沸腾了，新的一年开始了。

（2）龙抬头

南阳民间讲："二月二，龙抬头；大仓满，小仓流"。其时正处"惊蛰"前后，万木复苏。据旧时说法，龙在这一天要从蛰伏中抬头升天，因此也是雨季的开始。

这一天，民间各户要用草木灰撒在房屋四周，并在院子和麦场上用灰撒画粮仓、粮囤等图案，中间置五谷杂粮，上面盖一瓦片，俗称"虫不食"，类似于现在的沙画。有的地方，早晨到地里拔些麦苗带回，用绳系在小孩衣襟上，称"戴戴麦，活一百"，以祈福孩子健康。

民间习俗，龙抬头这天，男子都要剃头，叫"剃龙头，洗龙角"。同时，这天禁忌也很多：早上挑水先向井里扔一颗小石子，提醒龙王注意，莫伤龙头；提水时，水桶不要碰井帮，以免撞掉龙鳞；妇女这天不能做针线活，免得"刺瞎龙眼"；建房者不准打夯，以免"误伤龙头"；有石磨的人家，要将两扇磨的上扇支起，以"协助"龙抬头升天……许多家庭妇女还手执面杖，敲打门头、门框、门墩或梁头祝福。她们一边敲打，一边随着敲打声，口念祝福辞：

二月二，敲门头，金子银子往下流。

二月二，敲梁头，大囤尖，小囤流。

二月二，敲窗棂，蝎子、蜈蚣活不成。

二月二，敲门墩儿，蝎子、长虫（蛇）断了根儿。

二月二，敲门框，天下五毒见阎王。

这天夜晚，小孩们还要遵照父母之命，手里打上灯笼，照遍家中各个角落，俗称"照墙根"，口中唱着："二月二照墙根，蝎子、蜈蚣死一堆儿"。

龙抬头这天的饮食，也颇多讲究。节日早晨要吃煎饼和油炸食品，或配以炒面、油茶，或喝面疙瘩汤；中午、晚上有吃饺子的，也有吃面条的。这天还要炒糖豆、爆玉米花。各家要蒸一锅长筒形馍，两头各按一个红枣，称作"布袋条"。据说炒糖豆、爆玉米花都是在"炒蝎子屎（蝎尾）"。民间认为，过了二月二，蛰虫复苏，蝎子、蜈蚣一类的毒虫都要出来活动，把它们炒焦吃掉，便不能蜇人为害了。烙煎饼、包饺子是为"龙"添鳞、壮角，以增其威；喝面疙瘩汤，则表示龙头多，祈愿当年雨水丰沛；擀面条是为龙将胡须；吃"布袋馍"是让自家男人像这日升于天的龙一样，身强骨壮，干活腰不疼……

新中国成立后，二月二龙抬头的节日祈神等迷信活动已渐趋消亡。但撒灰消毒和吃煎饼、炒豆子等饮食习俗，仍可见于民间，尤其是有关二月二的各种谚语，仍在民间传唱。

（3）五月耽误

南阳民间称端午节叫"五月耽误"，实际上是"五月端午"的讹音。但也有人解释说不是讹音，南阳地区每年五月端午前后就要收麦，焦麦炸豆，耽误不得。过"耽误"节，就是提醒人们，不要把农事耽误了，饱吃一顿，抓紧夏收。

每年此时，南阳民间户户门前插艾或菖蒲，意为驱蚊和辟邪。幼童于脖颈、手腕、脚腕处系五色线。鸡鸣起床洒扫庭院后，用雄黄酒涂抹幼儿的七窍和肚脐等处，以避五毒。妇女和小孩佩戴用彩色布料缝制的香囊，以避汗味和蚊虫。

南阳古时在端午节前后有龙舟竞赛习俗。对此，唐代南阳诗人张建封曾作《竞渡歌》，予以形象生动的描绘：

五月五日天晴明，杨花绕江啼晓莺。

使君未出郡斋外，河上早闻齐和声。

使君出时皆有准，马前已被红旗引。

两岸罗衣破晕香，银钗照日如霜刃。

鼓声三下红旗开，两龙跃出浮水来。

棹影斡波飞万剑，鼓声劈浪鸣千雷。

鼓声渐急标将近，两龙望标目如瞬。

坡上人呼霹雳惊，竿头彩挂虹蜺晕。

前船抢水已得标，后船失势空挥桡。

……

4. 童谣——童心童趣童无忌

童谣，是在儿童中流传的歌谣。南阳的童谣主要有摇篮曲、启蒙歌、时序歌、数数歌等。这些歌谣内容简单，短小明快，易学易记，充满了童趣。旧时无论有文化或无文化的长辈，把它作为哄孩子和教育孩子的启蒙"教材"。儿童在不懂事的时候，父母就常常把孩子抱在怀里，一面抚拍，一面念唱，或者放在摇篮里，一边摇一边念唱。因此，许多儿歌也是安眠曲。不少人记不得他们的儿歌是什么时候学会的，似乎是与生俱来的一样。

小老鼠上灯台

小老鼠上灯台，偷油喝，下不来，

叫小妮儿，抱猫来，骨骨碌碌滚下来。

筛锣锣

筛锣锣、打面面，问问小孩吃啥饭，

烙油旋，打鸡蛋，不吃不吃两大碗。

缝衣裳

小油灯，亮堂堂，灯下坐个小姑娘。

笑眯眯，缝衣裳，缝好衣裳穿身上。

爹爹见了哈哈笑，妈妈见了直夸奖。

我给月亮赶牲口

月亮走，我也走，我给月亮赶牲口，一赶赶到马山口。

马山口，有黑豆，喂喂牲口咱再走。

小白鸡

小白鸡，挠柴火，一天挠了一大垛，来客了，要杀我。

小白鸡说："我皮薄，杀我不胜杀个鹅"。

鹅说："我的脖子长，杀我不胜杀个羊"。

羊说："四只银蹄往前走，杀我不胜杀个狗"。

狗说："看门喊哩嗓子哑，杀我不胜杀个马"。

马说："备上鞍子有人骑，杀我不胜杀个驴"。

驴说："一天能磨三斗谷，杀我不胜杀个猪"。

猪说："一顿就吃三升糠，为啥叫俺见阎王？"

童谣属于口头文学，是人生最早的文化启蒙。

5. 民歌——抒怀道情

南阳民歌，是南阳劳动人民在长期生产劳动中创造出来的民间歌唱艺术。特别是桐柏民歌、西峡西坪民歌，历史悠久，内容丰富，形式多样，在一定程度上反映了劳动人民的文化需求，表现了山区人民质朴、热情、粗犷的精神风貌，具有振奋精神、驱除疲劳、充实文化生活、愉悦情操的作用。

每年的三月至六月，是唱歌的好时节。阳春三月，春耕伊始，人们对新年景充满希望，情绪比较亢奋，无论田间地头，不分男女老幼，一人引唱，众人相随，或高亢激扬，或细柔甜脆，十分悦耳动听。民歌分山歌、田歌、牧歌、灯歌、情歌、号子或小调等。民歌具有直率坦白、纯真质朴、不饰雕琢、感于哀乐、缘事而发的特点，有反映生产劳动的，有学农技知识的，有反映爱情的，有歌咏历史人物的，好学好记，代代耳濡目染，辈辈相传，男女老少都能随意哼唱。

石榴花

石榴花开叶儿稀，莫笑穷人穿破衣。

树木林浪分高低，三十年河东转河西。

田歌

一下田来把秧薅，不认稗子叫姐教，

乖姐骂郎你瞎了眼，稗子秆光秧有毛！

哪有男娃叫咱女娃教。

牧歌

放牛满山转，肚子饿了甩长鞭，

放牛放到老晌午，人肚子扁来牛肚子圆，

东家还不给工钱。

逗妹子

口唱山歌把妹逗，看妹抬头不抬头。

马不抬头爱青草，妹不抬头爱风流。

挑枣刺

一下田来把脚挪，枣刺扎住哥的脚，

一脚插到姐怀抱，金针挑，银针拨，

活活疼坏我的小哥哥。

南阳民歌题材广、数量多。有多少？

我的山歌不算多，只比牛毛多两颗，

唱了三天又三夜，还没唱完牛耳朵。

南阳人性格豪爽，情感丰富，爱唱民歌。多爱唱？

山歌本是古人留，留在山间解忧愁。

三天不把山歌唱，七岁顽童白了头。

南阳民歌极具个性，必须用南阳方言唱，否则就唱不出应有的韵致与风味。南阳民歌作为一种山区群众文化，很受劳动人民喜爱，经久不衰，具有极强的生命力，随着对外开放的日益扩大，它必将成为一道最具地方风味的文化大餐。

6. 歇后语——智慧表达

歇后语是南阳人常用的一种独特的语言，智慧幽默，谐趣横生。它由两部分组成一句话，前面一部分像谜面，后一部分像谜底，通常只说前一部分，后一部分则不说或迟说，引而不发，或引而迟发，一发即让人忍俊不禁，而言者本意在后一部分。

磕一个头放仨屁——行善没有作恶多

七窍通了六窍——一窍不通

老公公背儿媳妇过河——出力不讨好

梁山上军师——无（吴）用

屙屎攥拳头——使暗劲

床底下劈柴——难扬斧（南阳府）

徐庶进曹营——一言不发

枣核解板——没两锯（句）

小虫（麻雀）落到梁上——鸟不大，架子不小

船头上跑马——走投无路

狗逮老鼠——多管闲事

蝎子屁股——不敢指

飞机上喊乱弹——唱高调

歇后语由于以方言词为基本的表达方式，故而它的通行范围受到这样那样的限制。在不同的方言中，同一歇后语未必就能通行。从这个意义上讲，南阳歇后语具有鲜明的地域性特色。例如，下大雨站到当院里——轮（淋）到头上了。这个歇后语在南阳民间广为流传，在其他地区则未必通行。这是因为"轮"在"车轮"这个义项中，南阳话的读音与普通话基本一致，声母韵母都相同，只是声调不同。但在轮流这个义项中，南阳方言如"轮换"、"轮班"等的"轮"与"淋"同音，因此该歇后语能在当地民间流传。这种歇后语的意义在外地人那里是难以被理解的，因为"轮"与"淋"的读音有很大区别，难以通行。

考察南阳歇后语时还可以发现这样一种现象，就是由于方言词汇不同，为了适应方言，就吸收方言词汇，把不通行的歇后语改成方言词语。例如，"茶壶里装饺子——肚里有倒不出来"，本喻口头表达差，但是南阳方言中"饺子"一般称为"扁食"，因此南阳民间在借用这样一个歇后语时就把饺子改成了"扁食"，变成了"茶壶里装扁食——肚里有倒不出来"，听起来很亲切，增强了歇后语的表现力。与此相同的还有歇后语"狗拿耗子——多管闲事"一条，南阳民间也把"耗子"改成了"老鼠"，同时把"拿"也根据方言特点，改为逮、捉、撵等同义词，构成了该类歇后语在民间流传过程中易懂易记的特点。

歇后语出自平民百姓的日常生活，是民众口头创造的，是劳动人民智慧的结晶，通俗、幽默、柔和，在人与人的交流中，往往一句歇后语就能改变气氛。

第十一章

盆地风雷曾震天

——南阳的红色文化

南阳是一块具有丰厚文化底蕴的沃土，更是一方革命风雷激荡，英雄人物辈出，红色景点密布，党史大事著名，红色故事众多的红色热土。为了南阳的解放和新中国的诞生，胸怀壮志、百折不挠的南阳共产党人和革命志士在宛属大地上进行了波澜壮阔、英勇不屈的斗争，红色文化成了南阳文化中一道亮丽的风景。

1. "革命三黄"留青史

在中国革命史上，"革命三黄"是一段佳话。

三黄者，黄民钦、黄火青、黄冠群三兄弟。黄民钦是萧楚女的学生，他把第一粒革命火种带到了南阳。在土地革命战争时期，黄民钦和黄冠群都过早地牺牲了；黄火青后来担任过天津市委书记、最高人民检察院检察长。他们的家在湖北省枣阳县新市镇杨庄村，与南阳的唐河县一山相接，一水相连，因其娘舅家在唐河县，故从小在唐河读书成长。在黄火青的晚年回忆录里，有这样的记载："1914年，我们兄妹五人又到河南唐河县读书。大哥21岁，进乡村师范学校，我和三哥、五弟（民钦）、堂弟黄冠群四人进高等小学校。大哥毕业后留在乡村师范学校附小教书，供给我和五弟上学。后来，我妹妹也到唐河县上过学。"

1919年前后，他们在唐河县城的学校就读。五四运动的风暴卷入南阳，唐河县城各中小学校随即联合成立了"沘源县（唐河县旧名）学生爱国团"。黄氏兄弟成为积极响应者。他们年少志高，手持彩旗，带领同学们冲出校门，走上街头，从沘源县城的东街直到西河头，一路高呼"外争国权，内惩国贼"、"拒绝和约签字"等口号，声援北平的爱国学生运动。他们还与同学们鼓动士农工商在县城南街火神庙召开大会，宣传反帝爱国的伟大意义，号召工商各界和城乡人民奋起抵制日货。为使这一活动更加广泛深入，学生爱国团还在县城东门外广场搭起舞台，黄氏兄弟和同学以初生牛犊不怕虎的豪壮之气登临高台，演反帝反封建的剧目，做反帝反封建的演说，揭露和声讨帝国主义与北洋军阀政府的无耻行径，使一股清新的空气弥漫在古城上空。

1919年下半年，黄火青弟兄考入沘源县县立师范。随着知识的增长和革命斗争的磨炼，黄氏兄弟已经成了唐河城热血青年中的中坚，成了革命斗争中有名的"革命三黄"。他们走向社会，发动工农商学界，响亮地提出了"反对日货，打倒列强"等口号，并组织起了更大规模的游行示威。黄氏兄弟在一系列革命活动中，以一种革命者的姿态活跃在沘源城中，给这座古城的人民留下了深深的印象。

县城游行示威之后，黄氏兄弟组织师范学校学生，到源潭镇进行为期3天的游行宣传。这对于当时的唐河农村来说，犹如长夜惊雷，惊天动地。黄氏兄弟此举把唐河的反帝反封建斗争推向了一个更高的层次。当时，南阳乃至整个中原，在城市发动反帝反封的游行示威，不足为奇，而能把眼光放在落后的农村，可谓壮举。此后，"革命三黄"从唐河毕业离开，已在县城小学教书的黄山农则利用教学之便，宣传革命道理，把共产主义思想的甘露洒在唐河的沃土上。

1989年，黄火青在给南阳地委党史工作委员会的信中，回忆了黄氏兄弟妹在唐河的革命斗争后，写下了滚烫的文字："确切地说，我们兄弟妹六人——山农（民豪）、民立、民厚（火青）、民钦、妹妹民彝（海鸣）和族弟黄冠群都是唐河县培养长成的。在那里学到一些知识，接受爱国主义教育。""我从小在唐河读书成人的，对唐河有感情，情况也熟，可惜年老体衰，未能一睹现状，甚为遗憾！""这里特向培育我兄弟妹的唐河县人民表示感谢，我们没有辜负唐河人民和老师们的谆谆教育，都走上了革命的道路。"

2. 革命红旗插南阳

党的四大以后，特别是在"五卅运动"和"迎接北伐"中，在外地的南阳籍中共党员，受党组织的派遣，纷纷回到家乡开展党的活动。1925年6月，在开封上学的中共党员金孚光、汪世昌、周耀杰、李怀玉和在信阳上学的党员桂仲锦等，相继回到桐柏，宣传发动民众，支援上海工人斗争。他们联络进步人士李惠生，在县城北关义仓创办平民学校，组织农民学文化，教唱《国际歌》。在学校内成立党的秘密组织，派党员周耀杰、李怀玉分别到月河、栗园开展党的活动，发展党员，于1926年2月建立月河和栗园党小组，周、李分别担任组长。这是中国共产党在南阳地区建立的第一个党组织。从此，革命的红旗在南阳大地高高飘扬。

1926年春，共产党员杨士颖、刘友三、朱冠洲受党组织派遣，分别从上海、开封回到南阳，5月建立了中共南阳支部委员会，刘友三任书记，这是南阳成立的第一个党支部。党支部根据北京特别会议的精神，派刘友三、杨士颖、刘福僧参加国民党南阳县党部的筹建工作，并当选为执行委员。他们以此合法地位，公开参加集会，到各中等学校给师生演讲，并散发进步书刊，传播革命真理，激发青年学生参加革命。1927年2月，该支部由于主要成员赴武汉参加北伐而停止活动。

1926年5月，共产党员、北京大学学生王香亭，受党组织派遣，回到家乡唐河县，建立了中共唐河县城关小组。11月，共产党员郭绍仪从广州农民运动讲习所学习结业后，受命回邓县开展党的工作。

1927年年初，鉴于北伐战争迅速向河南推进，中共党组织加快了在南阳地区的发展步伐。当年春，北伐军总政治部和叶挺独立团等部的党组织，派共产党员金孚光、阎普润和黄发顺到桐柏、唐河发动群众，以迎接北伐军的到来。阎普润在唐河县阎庄建立了党小组，金孚光在桐柏县城建立了中共桐柏特支，黄发顺在黄畈建立了中共桐柏支部，5月又在固县镇建立中共桐柏特支。此时，中共党员牛幼吾、罗继芬奉武汉国民政府的指示回到唐河县做兵运工作，建立了中共唐河县临时特支。6月，新野籍的中共党员马言川（马训），奉中共湖北省襄阳县委的指示，回到新野县发展党员。省立南阳第五中学的学生党员马华敏、杨连荣等，利用暑假回到内乡县开展党的工作。至1927年7月，南阳各地先后建立了8个党小组、9个党支部、3个党的特别支部，党员发展到51人。

星星之火，可以燎原。这些共产党人在轰轰烈烈的大革命和北伐战争期间，回到南阳宣传革命，建立党的基层组织，为中国共产党在南阳的发展壮大及其领导的工农武装斗争的广泛开展，奠定了坚实的基础。

3. 百折不挠建武装

1928年年初，中共中央特派柳直荀到唐河县，与冯玉祥部下的旅长邓宝珊协商创办军官教导团。接着，中央和豫、鄂两省委分别选派30多名党的军事干部，协助邓宝珊建立起干部教导团。3月，中共河南省委派组织部长张景曾到唐河，指导中共南阳特委领导和发动驻唐河县建国军干部教导团兵变。兵变由张景曾及特委成员刘友三、郝久亭、阎普润负责，定于5月9日夜12时行动。但由于个别参加兵变的学员心情过于激动，当天下午散发兵变传单，被教导团警卫队发觉，敌人加强了戒备，并收缴枪支，扣押兵变骨干分子。负责指挥的张景曾、刘友三、郝久亭等人在城内地下党员掩护下脱险，计划流产。

1928年4月，根据中共南阳特委的指示，邓县党组织负责人郭绍仪到新野县王集大湖坡，和当地中共党员乔乐理等人一起，发动和组织农民起义。经过数月准备，7月2日上午，大湖坡一带的范坡、汪堤、梅堂等21个村庄的农民群众1700多人，在中共党员乔乐理、徐华亭等人的带领下，手持红缨枪、大刀长矛、钉耙铁锹，迅速包围了王集三个保董的住宅，把他们家中的粮食、衣物、家什等全分给了贫苦农民。起义第二天，敌人进行反扑，抓捕30余名起义骨干和农民，并将徐华亭和同情起义的西区区长何殿斌杀害。郭绍仪和乔乐理被迫转移外地，起义最终失败。大湖坡农民起义是当时豫西南地区规模较大的一次农民武装起义，中国革命军事博物馆对大湖坡农民起义进行了展览和介绍，可见其影响之大。

1929年年底，因参加中原大战，杨虎城率部进驻南阳。杨虽为蒋所收编，但他思想开明，允许其治下传播革命思想。南阳中心县委与杨部党组织秘密接上了关系。

1930 年 6 月，中共桐柏县委和新桐柏委员会以县委委员兼喻家窑党支部书记喻广谦的名义，在喻家窑创办造枪厂，为农民武装起义准备武器。在南阳中心县委委员刘福僧的指挥下，6 月 23 日武装起义打响。经过近 3 小时的战斗，守敌武装被摧毁。起义队伍共夺得长短枪 123 支，子弹 1000 余发，起义一举取得成功。24 日，武装起义队员 150 余人转移到桐柏县城东南金桥镇杨家祠堂，整编为中国工农红军第九军第二十五师第一大队。这是南阳大地上诞生的第一支红军队伍。

1933 年 6 月，由于叛徒出卖，鄂豫边临时省委和南阳中心县委遭到严重破坏，使边区党组织失去了领导及其与中央的联系，各县党组织也都处在极度危险中。在此危难之机，鄂豫边临时省委委员张星江和仝中玉及泌阳县委书记张旺午挺身而出，勇敢挑起鄂豫边区革命斗争的重担。他们冒着生命危险，分赴各地同党组织联系，通报情况，提出防范措施，并于 7 月自新野县北上南阳的路上，召开各县党的代表会议，成立中共鄂豫边临时工作委员会，替代临时省委，张星江担任书记。

党中央对张星江和仝中玉的作为高度称赞。1934 年 1 月，张星江作为鄂豫边区的代表，到中央根据地江西瑞金列席了中国共产党临时中央六届五中全会，参加了中华苏维埃第二次全国代表大会，并当选为大会主席团成员。期间，受到朱德同志的接见。朱德同志指出，要"把游击队拉到山上去，拉到三不管的地方去生根发芽。"这为发动桐柏山区游击战争指明了方向。

1934年夏末，张星江在桐柏山太白顶云台禅寺主持召开各县代表会，讨论制订了在桐柏山区确（山）泌（阳）桐（柏）信（阳）交界地区和伏牛山区开辟游击根据地的计划，得到上海中央局同意。8月，正式宣布成立中共鄂豫边区省委，张星江任书记，仝中玉任组织部长，王国华任宣传部长，领导豫南和豫西南诸县党的工作。

鄂豫边省委成立后，于1936年1月4日在信、桐交界的尖山附近的小石岭村建立有7个人、"两支半枪"的鄂豫边区红军游击队，周骏鸣任队长，张星江兼任政治指导员。各地党组织派党员并动员青年积极分子参加游击队，使游击队很快发展到三十多人，十几支枪。张星江告诉党员："瓜儿离不开秧，孩儿离不开娘，受苦的人离不开共产党，咱们就是剩下一个人，也要把党的红旗高高举起，也要把革命火种烧红鄂豫边区。"红军游击队开辟了以桐柏天目山为中心的革命游击根据地。

1936年3月27日，红军游击队从天目山根据地挺进到平氏镇东北的薛家汴沟，部队战士装扮成香客，由张星江、周骏鸣带领进入庙会会场。省委还从唐河、桐柏、泌阳三县组织三百多名党员和赤卫队员，在王国华、牛德胜的带领下，配合行动。下午4时许，随着一声枪响，游击队员和赤卫队员一齐围上白毛巾，挥动木棒，向各自选定的目标发动突然袭击。经过激烈战斗，游击队夺得长短枪9支。但在游击队返回根据地的途中，在桐柏县安棚一带与民团遭遇。张星江作为省委书记、游击队指导员，把危险的殿后掩护任务留给了自己。他英勇还击前来追击的敌人，使游击队得以有机会脱离险境，而他本人则被敌人的枪弹射中头部，英勇牺牲。

张星江的牺牲对边区省委和红军游击队是一个重大损失。边区省委继推全中玉任书记，领导游击队坚持斗争。到1936年8月，红军游击队集零为整（从分散到集中），发展到几百人、枪。1937年10月，游击队改编为豫南人民抗日军独立团，不久又改编为新四军第四支队第八团队。彭雪枫、李先念到豫南后进一步加强建设，鄂豫边区成为当时我国南方8省15块游击区之一，成为华中抗日根据地的支撑，新四军二师、四师、五师的摇篮。

4. 九条红龙战南阳

国内革命战争时期，总共有九支红军队伍在南阳战斗过。

1928年5月，中共陕西省委举行了闻名全国的渭华起义，成立了"西北工农革命军"。8月，起义部队途经邓县，东进豫南确山。当部队行至邓县汲滩时，被民团和地方反动势力煽动的"红枪会"会员及受蒙蔽群众包围。面对成千上万的无辜会员和群众，战士们枪开不得，刀刺不得，所有武装失去作用并被解除。千余名官兵，一部分牺牲在邓县城东的路上，一部分化整为零返回陕西，一部分前往确山。

1930年11月下旬，为使襄（阳）枣（阳）宜（城）根据地和豫西南连成一片，远在鄂北的红二十六师挥师北上，开辟唐（河）桐（柏）泌（阳）根据地。11月30日，在中共唐河县地方党组织的配合下，红二十六师一举攻克唐河县城。12月1日，南阳地区有史以来的第一个红色政权——唐河县苏维埃政府在唐河古城成立。

1931年11月7日，红四方面军在湖北黄安七里坪成立。1932年7月，由于张国焘战略战术的错误，鄂豫皖根据地第四次反围剿失败。1932年10月22日，被迫西征的红四方面军，在徐向前的指挥下经鄂北进入南阳，先后途经新野、邓县、内乡和淅川等县，31日夜经滔河朱家营进入湖北陨县。

1931年3月，红二军团根据中央指示精神改编为红三军。1932年11月初，红三军在军长贺龙的率领下，从鄂北进入南阳，先后经过桐柏、唐河、泌阳、方城、社旗、南召等地，尔后入陕南。在转战南阳时，红三军既受到国民党军队的围追堵截，又遭到地方民团、地方武装的袭扰。在宛东苗店石塔寺战斗中，红三军第八师师长覃甦壮烈牺牲。

1935年6月4日，鄂豫皖根据地的红二十八军主力，在政委高敬亭的带领下，从大别山西进南阳桐柏，在玉皇顶同尾追之敌发生激战。红军将士顽强作战，歼敌近千人。9日，红二十八军从广水以北、武胜关以南地段越过平汉线铁路，返回鄂豫边区，继续坚持游击战。

1934 年 11 月 16 日，中国工农红军第二十五军 2900 余人由军长程子华、政委吴焕先、副军长徐海东率领，高举北上抗日第二先遣队的旗帜，自鄂豫皖苏区罗山县何家冲开始西征。蒋介石闻讯，急调数万军队围追堵截。26 日午后，红二十五军抵达方城县独树镇七里岗，突遭埋伏于此的敌第四十军一一五旅和骑兵团猛烈攻击。是日，雨雪交加，能见度低，先头团发现敌人较迟，加上战士们衣服单薄，手脚冻僵，拉不开枪栓，以致陷入被动境地。危急时刻，吴焕先从交通员身上抽出一把大刀，大声疾呼："同志们，现在是生死存亡的紧急关头，共产党员跟我来！"率队冲入敌阵，展开白刃肉搏，全体将士浴血奋战。正当拼杀激烈之际，徐海东率后卫部队疾速赶到，向敌发起冲击，终于打退敌人进攻，扭转危局。激战中，近百名将士英勇献身，二百余人负伤。军政治部组织科科长刘华清英勇苦战，身负重伤。入夜，红二十五军乘敌空隙突出重围，翻越许（昌）、南（阳）公路，挺进伏牛山，后经激战西坪镇，从豫边村的洋淇沟进入卢氏县内。1935 年 9 月，红二十五军同陕甘红军会师，成为胜利结束长征的第一支红军。

独树镇战斗是红二十五军长征中生死攸关的一仗，对其先期到达陕北，迎接党中央和主力红军北上具有重要意义。1996 年 10 月 22 日，中共中央总书记、国家主席江泽民在纪念红军长征胜利 60 周年大会上的讲话中，把"血战独树镇"与四渡赤水河、巧渡金沙江、强渡大渡河、飞夺泸定桥等战斗，并称为长征中的关键之役。

1935 年 6 月 15 日下午，徐海东率手枪团由陕西富水关出发，急行军，次日拂晓，装扮成敌四十四师部队，到达鄂豫陕三省边界重镇荆紫关（南阳淅川县辖）的外围防御阵地金豆沟。驻守民团一个连以为是"国军"前来，立即集合迎接，结果全部缴械被俘。8 时许，红二十五军以闪电速度，从三面对荆紫关形成包围，歼敌第四十四师一个多连和淅川县民团一个营。这里是敌四十四师的补给站，红军缴获了大批白面、肉、白糖、布匹及其他军用物资。远程奔袭荆紫关，是红二十五军在第二次反"围剿"中取得的第一个大胜利。

　　九支红军似道道铁流，从南阳大地滚滚而过，给南阳人民留下了难忘的回忆。

　　当时，红四方面军、红三军、红二十五军途经南阳时都是秋冬时节，不少战士身着破单衣、肩披麻袋片，赤脚行动。南阳人民就是从那串串带血的足迹中，知道了红军，了解了共产党。

　　红二十五军路过方城石盘村时，正遇柳湘莲大娘家摆结婚宴。冻饿异常的红军官兵对丰盛的宴席丝毫未动。柳大娘深受感动，用一个竹篮子装馍送给官兵，战士们执意不收，一位连长给了柳大娘一些钱，战士们才收了这篮馍。宛西自治派首领彭锡田奉命追击红军。进至淅川李官桥，看到地里萝卜被拔掉的窝里放了几枚铜钱，路旁遗下的粪便排列成行，也为红军的行动所感动，称赞红四方面军是"仁义之师"、"有主义之军"，下令停止追击，并亲自收容红军伤员，送到菩提寺养伤，伤愈后护送出境。

九支红军似九条红龙，不仅闹翻了南阳，也闹红了南阳，把革命的种子撒满了古宛大地。

5. 三军会师桐柏山

抗战胜利后，在中原解放区占有重要战略地位的桐柏山区，骤然间成为焦点地区。蒋介石调集重兵，包围中原解放区。中共中央洞烛其奸，不断向虎踞在鄂豫边的新四军五师发出"对付将来的内战危险"的指示。1945年10月1日，中共中央再次指示五师："在桐柏山站稳脚，这对坚持中原斗争是重要的，对其他解放区也是有帮助的。"据此，五师决定进行自卫反击，发起桐柏战役，计划战役的第一阶段，首先夺取桐柏县城。

1945年10月20日，五师野战纵队在桐柏县武装总队的配合下，一举解放桐柏县城，全歼国民党豫鄂挺进军第七游击纵队500余人。桐柏县城解放后，两万多群众集会，欢庆人民军队的胜利。随之，成立了中共桐柏县委、县爱国民主政府。五师司令部在李先念的率领下，由湖北随县草店移至桐柏县城南叶家大庄。21日，野战纵队第十三旅乘胜前进，攻克固县、平氏两个重镇。桐柏战役首战告捷，给意欲发动内战的国民党军队以迎头痛击。

与此同时，中共中央为了加强中原地区的武装力量，命令八路军三五九旅南下支队自粤北返与五师会合，河南军区部队南下向五师靠拢，冀鲁豫军区水东八团南下加入五师建制。

1945 年 10 月 24 日，三支劲旅在桐柏胜利会师。当天，在桐柏县城召开的庆祝大会上，李先念、王树声、王首道分别代表三路大军讲话，共勉今后的征程。10 月 28 日，会师后的第二纵队十三旅、十五旅攻克枣阳县城，歼敌 500 余人，取得了桐柏战役的又一胜利。10 月 31 日，中共中央致电中原局，嘉勉中原部队会师和解放桐柏、枣阳等地的胜利。

为了扩大桐柏战役的战果，粉碎国民党军队在桐柏地区的进攻，1945 年 11 月 2 日，中原军区第二纵队十四旅两个团奔袭新野县城，当夜攻入城内，随即成立了新野县爱国民主政府。11 月 5 日，中原军区第一纵队解放唐河县南部的湖阳镇，并在此建立了中共唐河县工作委员会和县爱国民主政府。6 日，中原军区第二纵队一举歼灭唐河县城守敌，解放了唐河县城。至此，在不到 20 天的时间内，中原我军相继解放了南阳的桐柏、新野、唐河三县。蒋介石急调 30 万重兵，合围中原军区部队。1946 年 6 月 26 日，中原军区在李先念的率领下突围，这就是历史上有名的中原突围。

1947 年 6 月 30 日夜，刘邓大军 12 万人，突破黄河天险，千里跃进大别山。12 月 15 日，十纵二十八旅八十四团向桐柏县城守敌发起总攻。经过一个多小时激战，歼敌 800 余人，时隔一年多后，桐柏县城再次回到人民手中。之后，刘邓大军连续作战，从 12 月 15 日到 21 日，7 天之内，连克桐柏、枣阳、泌阳、唐河、新野五座县城，取得了"走七天打五县"

的辉煌胜利，中共中央致电刘、邓：庆祝十纵在桐柏之胜利。

1948 年 11 月 4 日，南阳全境解放。

6. 丰碑不朽奠英魂

革命胜利了，自 1921 年至 1949 年，南阳有两万余名先烈抛头颅、洒热血，为民族解放的壮丽事业献出了宝贵生命。他们用鲜血书就的人生，铸就了永恒的丰碑。他们的生命永远定格在那个青春勃发充满了朝气的岁月。

彭雪枫，南阳镇平县七里庄人，曾任红三军团政委、八路军四纵司令员、新四军四师师长，著名军事家。1944 年 9 月在河南夏邑县指挥战斗时牺牲，时年 37 岁。

张星江，唐河县毕店乡人，1928 年加入中国共产党，是鄂豫边游击队和根据地的主要创始人，曾任鄂豫边省委书记，红九军政治部主任，1936 年 3 月 28 日，在桐柏县平氏镇战斗中牺牲，时年 29 岁。

吴寿青，唐河县昝岗乡小吴庄人，1927 年加入中国共产党，任红26 师师长兼政委、鄂豫边临时省革命委员会主席和省革命军事委员会主席。1932 年 6 月 15 日，在枣阳迎水寺战斗中牺牲，时年 27 岁。

刘福僧，南阳县黄台岗乡刘宋营村人，1925 年 5 月加入中国共产党，1930 年 7 月桐柏暴动总指挥，后担任红九军 26 师政治部领导工作，在一次战斗中，身负重伤，经群众掩护，治疗无效而牺牲，时年22岁。

金孚光，桐柏县西杨庄人，回族，1924年冬加入中国共产党，1927年先后参加了"八一"南昌起义和广州起义。1931年1月，任红十五军第一团团长兼政委。1月上旬，率领第一团与敌遭遇。激战中，为掩护部队撤退，腹部中弹牺牲，时年24岁。

周邦采，唐河县人，1925年黄埔毕业，任国民革命军第十七军第二师党代表兼政治部主任。1927年8月1日参加南昌起义，担负消灭朱培德嫡系七十九团的任务。后随朱德战瑞金，打会昌。1928年年初，他以中央长江局军事特派员身份到汝南视察工作。7月28日，在攻打水屯寨的战斗中，身中数弹，壮烈牺牲，时年26岁。

蔡训明，唐河源潭镇人，1927年9月，任郑州市总工会主席，后代理中共豫南特委书记。1928年同年3月，在战斗中牺牲，时年23岁。

张鸿宾、张鸿池，亲弟兄两个，南阳市人，秘密地下党员，家里开石印馆，给党印刷宣传品。1932年暴露，兄弟二人同时被捕。他们受尽酷刑，一个字也不招。最后一起被处绞刑。其时，哥25岁，弟21岁。

……

丰碑是精神的凝聚，是思想的旗帜，是文化的传延。中华民族的复兴离不开精神丰碑的支撑，富强、美好、和谐的新南阳的经济建设需要精神丰碑的激励。南阳人要牢记历史，铭记英烈，让他们的红色基因永远流淌在我们的血液里，让他们的精神催动我们追梦的步伐。

后　记

　　由中共南阳市委宣传部策划，市作协承办的《南阳文化读本》终于出版了。作为编写者，我们深深感受到，编写这样一本带有普及性的介绍南阳历史文化的书，在当今所具有的意义和价值。作为南阳的读书人、写作者，能为南阳做这样一件有意义的工作，从内心说，无疑是非常高兴的。

　　南阳历史悠久，文化厚重，这是世人皆知的。但是，久到什么程度？厚到什么程度？非专业人士是无法说出个所以然的。为了让南阳人及南阳外的人真正了解这些，给世人一本了解南阳历史文化的文化读本就显得尤为必要了。为了达到普及的目的，让更多的人能读懂南阳，认识南阳，在阅读中增强读者的阅读兴趣，我们在编写过程中，尽量使语言平易朴素，生动活泼，在尊重历史真实、文化真实的前提下，适当注重表述的文学色彩，增强文本的文学性，也是这个读本的一个显著特色。

　　中共南阳市委宣传部副部长景文栓同志对《南阳文化读本》的编写工作十分重视，曾多次召开协调会，部署这一工作，使编写者很为感动。本书在编写过程中，得到了南阳市文联、南阳市教育局、南阳市文广新局、南阳市党史办等部门的大力支持和热切关注，为读本的编写做了大量的工作，使这一工作得以顺利完成。现任南阳市监狱政委薛霆在任南阳市文联党组副书记、副主席期间，为本书的编写曾做了大量的筹备谋划工作，《南阳宣传》杂志的编辑们提供了大量图片，在此一并致谢。

编写《南阳文化读本》是一个系统工程，它要求编写人员不仅对所写的内容有深入的认识和了解，还要有去伪存真的辨识能力和语言表达能力。因此在编写人员的选择上比较慎重。本书的编写分工如下：第一、二、三、四、五、六、七章，殷德杰；第八章，薛继先；第九章，王甜甜、范雅都、殷德杰；第十章，白万献、叶伟杰；第十一章，李慎志。他们为给读者奉献出一个高质量的普及性的南阳文化读本，在历史的典籍文献中拨冗去陈，细心查阅，其严谨的态度也足以令人起敬。薛继先通阅了全稿，并对全书的语言文字进行了校对甄别。

在读本编写中，一是因为时间紧迫，二是因为作者水平的原因，不可避免地存在着不尽如人意的地方，甚至还会有错误之处，祈望读者在阅读中将发现的问题及时反馈给我们，以便重印时修改。

《南阳文化读本》编写委员会

图书在版编目(CIP)数据

南阳文化读本/中共南阳市委宣传部编.—北京：
北京师范大学出版社,2016.12(2025.8重印)
ISBN 978-7-303-21775-5

Ⅰ.①南…　Ⅱ.①中…　Ⅲ.①文化－介绍－南阳
Ⅳ.①K296.13

中国版本图书馆 CIP 数据核字(2016)第 288426 号

营　销　中　心　电　话 010-58805385
北 京 师 范 大 学 出 版 社
主题出版与重大项目策划部 http://xueda.bnup.com

NANYANG WENHUA DUBEN

出版发行：北京师范大学出版社　www.bnupg.com
　　　　　北京市西城区新街口外大街 12-3 号
　　　　　邮政编码：100088
印　　刷：北京盛通印刷股份有限公司
经　　销：全国新华书店
开　　本：787 mm×1092 mm　1/16
印　　张：16
字　　数：185 千字
版　　次：2016 年 12 月第 1 版
印　　次：2025 年 8 月第 11 次印刷
定　　价：39.80 元

策划编辑：祁传华　　　　责任编辑：王　强
美术编辑：王齐云　　　　装帧设计：王齐云
责任校对：陈　民　　　　责任印制：赵　龙